MEU CORAÇÃO A TEUS PÉS

VIDAS TRANSFORMADAS POR JESUS

Dados Internacionais de Catalogação na Publicação (CIP)
Angélica Ilacqua CRB-8/7057

Deprá, Eliane
  Meu coração a teus pés : vidas transformadas por Jesus / Eliane Deprá. -- São Paulo : Paulinas, 2023.
  144 p. : il., color. (Coleção Mística)

  ISBN 978-65-5808-231-6

  1. Espiritualidade 2. Vida cristã I. Título II. Série

23-4953 CDD-248.4

Índice para catálogo sistemático:
1. Espiritualidade

1ª edição – 2023

Direção-geral:	*Ágda França*
Editora responsável:	*Fabíola Medeiros de Araújo*
Copidesque:	*Ana Cecilia Mari*
Coordenação de revisão:	*Marina Mendonça*
Revisão:	*Equipe Paulinas*
Gerente de produção:	*Felício Calegaro Neto*
Capa e diagramação:	*Juliene Barros*
Foto capa:	*depositphotos.com – @marinka*
Foto capítulos:	*depositphotos.com – @ginosphotos1*
Foto papa:	*Arquivo pessoal*

Nenhuma parte desta obra poderá ser reproduzida ou transmitida por qualquer forma e/ou quaisquer meios (eletrônico ou mecânico, incluindo fotocópia e gravação) ou arquivada em qualquer sistema ou banco de dados sem permissão escrita da Editora. Direitos reservados.

Cadastre-se e receba nossas informações
www.paulinas.com.br
Telemarketing e SAC: 0800-7010081

Paulinas
Rua Dona Inácia Uchoa, 62
04110-020 – São Paulo – SP (Brasil)
📞 (11) 2125-3500
✉ editora@paulinas.com.br
© Pia Sociedade Filhas de São Paulo – São Paulo, 2023

ELIANE DEPRÁ

MEU CORAÇÃO A TEUS PÉS

VIDAS TRANSFORMADAS POR JESUS

paulinas

Dedicatória

Às minhas irmãs de congregação, amigos, amigas, minha querida família, minha eterna gratidão pelo apoio, amor e confiança. Durante a pandemia, encontrei na escrita um jeito de expressar meus sentimentos... e ... foram tantos! Como se deu com muitas pessoas, em mim também doeu a solidão, o cansaço me abateu, a fé tremeu, sofri com o medo e chorei a perda de pessoas queridas. Jesus também experimentou esses sentimentos. Por amor, ele ajudou inúmeras pessoas a se libertarem de suas dores e angústias, corrigiu, perdoou, animou e consolou; despertou sonhos, renovou esperanças, reconstruiu e transformou vidas!

Hoje... A minha vida, a sua vida também, podem ser transformadas. Eu acredito! E você?

Sumário

Prefácio	9
Lágrimas e risos nas montanhas de Belém	11
Carta de Maria para a família	
O primo ilustre de Jesus	19
João Batista	
Tudo por causa de um grande amor	31
André, discípulo de Jesus	
Sede de amor!	39
A mulher samaritana	
Um toque de vida	47
A mulher doente	
Revestida de amor e misericórdia	55
A mulher pecadora	
Amigos mais que irmãos	63
Maria, Marta e Lázaro	
Das trevas para a luz	71
Uma mulher adúltera	

Alcançado pelo olhar do amor 79
ZAQUEU

Memórias de um traidor arrependido 85
PEDRO APÓSTOLO

A luz de uma nova manhã 93
NICODEMOS

Notícias de Jerusalém 101
MARIA MADALENA, PRIMEIRA APÓSTOLA

De perseguidor de Jesus a apóstolo de seu amor 109
SÃO PAULO APÓSTOLO

Um caminho de luzes e cruzes 117
MINHA HISTÓRIA DE VIDA E FÉ

Agora chegou a sua vez! 127

Passos para rezar e contemplar um texto bíblico 133

A compaixão pelas estradas do mundo 137

Prefácio

Há pessoas que transmitem vida e paz apenas com um olhar. Que resgatam seu verdadeiro sentido com sua presença marcante e inesquecível.

Jesus, humano... Que é vida e que se fez pequeno para nos mostrar que a grandiosidade está em "ser", em essência e em verdade. Que tem o poder de nos saciar com a água viva, assim como em Sicar. Que percebe nossa presença, que nos chama pelo nome, que sabe exatamente quais as pedras que carregamos no coração, que cura as feridas da alma e do corpo, que caminha por entre os nossos jardins escuros levando luz e salvação.

Meu coração a teus pés! Vidas transformadas por Jesus é um livro que nos faz mergulhar nessa dimensão humana e divina de Jesus, deixando-nos ser abraçados por histórias repletas de vida, amor, milagres, fé, perdão, fidelidade... trazendo para os nossos dias a certeza de que nosso caminho não é solitário: temos conosco um peregrino iluminado que poetiza e costura nossos fragmentos e as entrelinhas de nossa alma da forma mais amorosamente avassaladora.

A presença amiga e acolhedora de Cristo, a voz da verdade, que foi e vai além de qualquer julgamento, aquela que movimentou toda uma nação há mais de dois mil anos, que ensinou a prática libertadora do perdão, da justiça, permanece a mesma e continua viva entre nós pela força de sua ressurreição. E, na fé renovada, cada vez que confiarmos... na luz que vislumbramos a cada momento em que temos a possibilidade de renascer da nossa escuridão... na capacidade de sermos serenos, mesmo em meio à dor... compreenderemos, enfim, que o amor é a resposta.

O resgate eterno do olhar penetrante e misericordioso de Jesus, narrado com tanta sensibilidade pela Ir. Eliane Deprá, fsp, em cada linha deste livro, nos faz visitar o mais profundo do nosso ser, nos faz voltar à vida, nos instrui a construir nosso mosaico de boas lembranças, nos faz admirar os detalhes do Senhor, assim como as belas matizes de um dia de outono. E também nos ensina a lançar as redes e compreender a verdadeira definição do amor.

Andréia Zanardi

Lágrimas e risos
nas montanhas de Belém

CARTA DE MARIA PARA A FAMÍLIA

Lágrimas e risos
nas montanhas de Belém

CARTA DE MARIA PARA A FAMÍLIA

Inspiração bíblica: Lucas 2,1-20

À minha querida família: papai Joaquim, mamãe Ana, amada prima Isabel!

Shalom! Sei que estão ansiosos por notícias. Eu, José e nosso filhinho Jesus, estamos bem! Sinto saudade de todos... Como eu queria que estivesse aqui comigo, minha mãe... Seu neto é lindo! Não vejo a hora de colocá-lo em seus braços.

Ontem, chegamos a Belém ao entardecer. José, eu e nosso amigo Cosmos, o jumento, estávamos exaustos após uma viagem de quatro dias. Caminhamos 150 quilômetros... Vencemos colinas e montanhas, mas também cortamos lindas planícies, repletas de oliveiras. Chegando aqui passamos por alguns apuros, pois a cidade estava lotada por causa do recenseamento e todas as hospedarias sem vagas... Percorremos vários lugares e ninguém quis acolher-nos. E, a essa altura, o nosso pequeno dava sinal de que queria nascer. Entrei em trabalho de parto e já não conseguia mais andar, pois as contrações aumentavam e ficavam mais frequentes. José estava atordoado, sem saber direito o que fazer... Procurei me manter calma, mas vocês podem imaginar a aflição dele... Por alguns instantes, achei que quem iria precisar de ajuda era ele... Mas Deus é fiel e veio em nosso auxílio, e imediatamente recordei sua promessa: "Estou contigo, Maria! Não tenhas medo!".

Alguém nos indicou um lugar fora da cidade... Era um estábulo... Foi o que nos restou. Fazia muito frio. Era uma noite linda, o céu estava límpido e as estrelas brilhantes pareciam descer e tocar a terra... Pedimos licença aos moradores do local, amigos de Cosmos: bois, vacas, cavalos, ovelhas... José ajeitou o ambiente, arrumando um lugarzinho para eu me deitar, e ali o nosso menino nasceu... pelas mãos de José. Seu choro de recém-nascido rompeu o silêncio da noite. Entre risos e lágrimas, o nosso choro se misturou ao primeiro choro de nosso menino. Foi uma emoção indescritível...

Enquanto eu amamentava o nosso pequeno, José pegou um cocho, colocou palhas e fez um berço para deitá-lo. Ainda de madrugada, fomos surpreendidos pela visita de pastores que nos contaram ter visto e ouvido um anjo que lhes anunciou o nascimento do menino, além disso, um coro de anjos entoou alegremente um hino de glória a Deus... Eles trouxeram leite, pão e frutas e, também, nos deram lã para nos aquecermos. Os pastores estavam radiantes com tudo o que estava acontecendo...

Aquela era verdadeiramente uma noite muito especial... Enquanto ouvia os pastores, meus pensamentos se voltaram àquele dia em que recebi a visita e o anúncio do anjo Gabriel, dizendo que eu seria a mãe do Salvador. Também recordei que ele me falou que "para Deus nada era impossível". Lembrei-me de você, Isabel, dos três meses em que passamos juntas preparando o enxoval de nossos bebês. Entre um ponto e outro de nossos bordados, ficávamos imaginando e nos perguntando "o que será destes meninos?!"... Incontáveis vezes recordamos as promessas de Deus feitas a nós e ao nosso povo. Sim, ele é fiel!

Verdadeiramente, esta é uma noite diferente de todas as outras: Jesus dorme embalado pelo lindo canto dos anjos, eu o contemplo e medito no silêncio de meu coração tudo o que ouvi do anjo Gabriel e dos pastores. Rememoro também tudo o que meu querido José enfrentou por mim e pelo nosso bebê. Ele mesmo me contou que viveu dias atormentados, desde que o meu pai, Joaquim, lhe deu a notícia da gravidez.

Esta foi a maior declaração de amor que recebi de José: "Não consigo nem imaginar a possibilidade de uma possível traição; mas jamais a denunciaria por adultério. Por maior que fosse a minha dor e desconfiança, não poderia ceder à vingança e permitir que o preço de minha honra fosse o seu sangue e o do menino. O meu coração de homem apaixonado e justo não aguentaria vê-la apedrejada até a morte. Em meio a tantas dúvidas, incertezas, mágoas e acusações, Deus foi revelando seus desejos em meus sonhos. E, assim, seguiremos juntos, fiéis ao seu plano de amor".

Bem, os dias aqui estão passando rápido e, dentro de mim, sinto alegria e também uma grande inquietação... Mas, sobretudo, tenho a certeza de que Deus cumpriu a sua promessa e nos enviou o Messias, o Salvador. Eu, sua humilde serva, me sinto forte e revigorada quando o seguro em meus braços, pois a sua fragilidade me mostra quão grande é o nosso Deus, que, por amor, se fez tão pequeno para vir morar entre nós. Não há mais medo nem escuridão! O sol da justiça brilhou, o Emanuel –

Deus conosco – veio ao nosso encontro! Meu coração está cheio de alegria! Alegrem-se comigo e, com os anjos, cantemos: "Glória a Deus nas alturas e paz na terra a todos que são por ele amados". Eis o novo tempo... É hora de resgatar a esperança. O Natal do meu Filho é o nosso Natal, o Natal de toda a humanidade!

Das montanhas de Belém, o nosso abraço cheio de alegria e da luz de Jesus, o nosso menino, Filho de Deus!

Maria, a serva do Senhor

"Maria não se perde em vários raciocínios, não coloca obstáculos ao Senhor, mas, com prontidão, se confia e abre espaço para a ação do Espírito Santo. Coloca imediatamente à disposição de Deus todo o seu ser e sua história pessoal, para que sejam a Palavra e a vontade de Deus a moldá-los e levá-los a termo. Assim, correspondendo perfeitamente ao projeto de Deus sobre ela, Maria torna-se a 'toda bela', a 'toda santa', mas sem a menor sombra de envaidecimento. É uma obra-prima, mas permanecendo humilde, pequena e pobre. Nela se reflete a beleza de Deus que é amor, graça e dom de si" *(Papa Francisco – Oração do Ângelus – 08/12/2019).*

O primo ilustre de Jesus

João Batista

O primo ilustre de Jesus

João Batista

Inspiração bíblica: Lucas 1,5-80

Tudo aqui nesta prisão é escuro. Dois guardas vigiam a cela dia e noite. Por longos dias, permaneci acorrentado, isolado de tudo e de todos, porque denunciei as atrocidades praticadas por Herodes Antipas e seus aliados. Nem eles saberiam dizer o número de assassinatos e crimes cometidos, os cruéis massacres, as terríveis vinganças, opressões e repressões. Mas a gota d'água que ocasionou a minha prisão foi o fato de ter criticado duramente Herodes por conta de seu casamento com a própria cunhada.

Ontem saí do isolamento e recebi a visita de um dos meus discípulos, e ele trouxe um recado de meu primo Jesus: "Contem a João o que vocês estão ouvindo e vendo: *os cegos recuperam a vista, os paralíticos andam, os leprosos são purificados, os surdos ouvem, os mortos ressuscitam e aos pobres é anunciada a Boa Notícia*".

Sinto dentro de mim uma grande alegria, pois todas essas obras confirmam que Jesus é o Messias.

Lembro como se fosse hoje... O dia despontava e o sol brilhava nas águas do rio Jordão e uma grande fila se formara de pessoas que queriam receber o batismo. Observo aquela gente, quando, de repente, alguém desperta a minha atenção. É Jesus, na fila!? Esfrego os olhos e desconfio de que os longos dias de jejum estão me fazendo ter delírios. Fixo o olhar e não tenho dúvidas, é mesmo o meu primo querido. Quando chegou a vez dele, uma forte emoção tomou conta de mim.

Aproximei-me e disse-lhe: "Sou eu que preciso ser batizado por você, e você vem a mim?". Jesus nada disse, apenas se curvou e eu compreendi o que deveria fazer. Coloquei minhas mãos sobre a sua cabeça e o fiz mergulhar nas águas. Ao ressurgir, seu rosto brilhava, e vi quando o Espírito Santo veio sobre ele... De verdade, cumpria-se a realização da promessa de que Deus nos enviaria o libertador. Sim, o Reino de Deus está entre nós.

Aos poucos, fui compreendendo e reconhecendo o meu primo, Jesus, o predileto de Deus. E tudo ganhou sentido, desde aquele dia em que ainda no ventre materno sentimos a vida um do outro. Agora creio que a minha missão será plena nele, o Cordeiro de Deus.

E como foi que as nossas histórias se entrelaçaram? Desde muito pequeno, eu sempre gostei de ouvir histórias. Todas as noites, após o jantar, eu e meus pais íamos para o terraço de nossa casa, aí contemplávamos o céu, o luar e a beleza das estrelas, e meu pai, Zacarias, contava e recontava, de maneira incansável, como eu, João Batista, entrei na vida deles.

Minha mãe, Isabel, acompanhava a história com ouvidos atentos, enquanto tecia as túnicas de meu pai e intervinha com frequência para citar detalhes, o que o deixava um tanto aborrecido. Meus pais já tinham idade avançada e minha mãe era estéril. Por isso, ambos não tinham mais nenhuma esperança de ter um filho. Só mesmo um milagre de Deus! E foi isso mesmo que aconteceu. Um dia, meu pai estava no santuário para apresentar a oferta do incenso, pois era um dos sacerdotes do Templo. Enquanto preparava o recinto, em seu íntimo fazia orações... De repente, sentiu algo diferente e ouviu o seu nome. Tudo lhe pareceu muito estranho, pois naquele momento a porta estava fechada. Por alguns instantes, meu pai achou que estava tendo alucinações. Olhou ao seu redor e, pela segunda vez, ouviu o seu nome, mas dessa vez se viu na presença de um anjo. "Zacarias! Não temas, pois a tua súplica foi ouvida. Sua querida esposa, Isabel, lhe dará um filho, ao qual porás o nome de João. O seu nascimento será motivo de alegria, ele será grande diante do Senhor, e, desde o ventre materno, será um menino repleto do Espírito Santo. Pela sua palavra converterá muitos filhos de Israel. Caminhará à frente, a fim de preparar a chegada do Senhor."

Meu pai ficou atordoado e dizia para si mesmo: "Como posso crer nisso? Eu e minha esposa somos idosos e, além disso, ela é estéril". Naquele mesmo instante, meu pai sentiu a língua ficar presa, de sua boca não saía uma única palavra. E, assim, ele permaneceu até o dia em que eu nasci. Esse fato gerou curiosidade e apreensão entre os demais sacerdotes e os fiéis. Vendo meu pai mudo, trêmulo, com o rosto transfigurado e um brilho no olhar, compreenderam que ele tivera uma visão. Em pouco tempo, toda a cidade tomou conhecimento do caso.

Passaram-se alguns meses e minha mãe engravidou. Apesar da idade, teve uma gestação tranquila. Minha mãe sempre me dizia que o dia mais feliz de nossas vidas foi quando recebemos a visita da prima Maria. Ela também estava grávida, e mesmo assim enfrentou uma longa viagem pelas montanhas até chegar a Ain Karim, cidade onde morávamos. Mamãe disse que, quando elas se encontraram, ao ouvir a voz de Maria, eu pulei de alegria em seu ventre e que o meu primo Jesus também se alegrou quando escutou a voz de minha mãe: "Abençoada és tu, minha querida prima, entre todas as mulheres e bendito o fruto do teu ventre!".

Minha mãe falou que, naquele momento, Maria exultou de contentamento e entoou o mais lindo hino de louvor: "Proclama minha alma a grandeza do Senhor, alegra-se meu espírito em Deus, meu Salvador, que olhou para a humildade de sua serva. A partir de agora, todas as gerações me chamarão bem-aventurada, porque o Poderoso fez coisas grandiosas para mim. Santo é seu nome, e sua misericórdia, de geração em geração, é para aqueles que o temem. Ele realizou proezas com seu braço: dispersou os planos dos soberbos, derrubou do trono os poderosos e elevou os humildes, cumulou de bens os famintos e despediu vazios os ricos. Auxiliou Israel, seu servo, tendo lembrado da misericórdia, como prometera a nossos pais, em favor de Abraão e de sua descendência, para sempre".

Nossa prima Maria permaneceu três meses conosco, e mamãe sempre recordava a alegria daqueles dias de convivência. Enquanto Maria ocupava-se dos cuidados da casa, minha mãe preparava deliciosos quitutes...

E a conversa entre elas corria solta. Ao meu pai, restava ouvi-las. Ele contava que achava graça em ver as duas trocando, ao mesmo tempo, receitas de bordados de roupa de bebês, de bolos e tortas de maçã e uva com mel e tâmaras. E, quando chegou o dia do meu nascimento, o vilarejo ficou em festa. A casa ficou cheia com a chegada dos vizinhos e parentes. Nasci pelas mãos de Maria, que, enquanto fazia o meu parto, tentava acalmar o meu pai.

Dizem que todos ficaram muito felizes quando souberam que era um menino, principalmente porque garantiria a linhagem sacerdotal da família. E a curiosidade também era grande em saber qual seria o meu nome. Meu pai dizia que minha mãe nem deu ouvidos à contestação dos parentes, quando disse que meu nome seria João – que significa "Deus é misericordioso".

Todos ficaram admirados, pois na família não havia ninguém com esse nome. Quando perguntaram ao meu pai, ele rapidamente e sem hesitar escreveu numa tabuinha: "Seu nome é João". Nem passou pela sua cabeça contrariar a mamãe. Surpreendentemente sua língua se soltou e meu pai, cheio do Espírito Santo, começou a louvar diante de todos: "Bendito seja o Senhor, porque visitou e libertou o seu povo! E tu, menino, serás chamado profeta do Altíssimo, pois caminharás diante do Senhor, para preparar seus caminhos, dando a seu povo o conhecimento da salvação, pelo perdão de seus pecados.

Graças à entranhável misericórdia de nosso Deus, nos visitará a Aurora que vem do alto, para iluminar os que vivem nas trevas e na sombra da morte, para guiar nossos passos no caminho da paz". As pessoas se perguntavam o que eu seria quando crescesse... O que seria daquele filho gerado por uma mulher idosa e estéril?

Os anos se passaram, fui crescendo em idade e o meu espírito se fortalecia. Eu era adolescente, quando meus pais morreram. Embora meu pai e meus parentes alimentassem a esperança de que eu daria continuidade à tradição sacerdotal da família, eu não queria isso de jeito algum. Não me sentia atraído pela suntuosidade do Templo, pelas vestes confortáveis e elegantes dos sacerdotes e por aquele frenético vaivém das romarias e peregrinações. O que eu gostava mesmo era de vestimenta simples, comida natural, como vegetais, frutas e mel silvestre, assim como de andar pelos campos, desfrutar do silêncio das montanhas e da solidão do deserto; do cultivo de um clima espiritual, com longos tempos de oração, do estudo das Escrituras e de partilhar com os famintos os frutos cultivados na terra.

Aprendi a viver assim, despojado e simples, com meus irmãos da comunidade religiosa, os essênios. Sempre que possível eu peregrinava pelas aldeias e me comovia com a dor e o abandono de doentes e pobres, em ver tantas mulheres repudiadas por seus maridos, os camponeses explorados e oprimidos pelo Império Romano. Dentro de mim, eu sentia uma força estranha, e uma voz me dizia que era preciso fazer alguma coisa pela vida daquelas pessoas. A partir de então, decidi percorrer toda a região da Judeia socorrendo os mais necessitados e alertando a todos, pobres e ricos, que o tempo urge, é hora de voltar o coração para Deus, mudar o estilo de vida, libertar-se de tudo o que é transitório e apegar-se ao essencial para conseguir ver a vida para além dos olhos humanos.

O vale do rio Jordão tornou-se um lugar de encontro, pois de todas as redondezas as pessoas vinham para conversar, ouvir as minhas pregações e receber o batismo de conversão para o perdão dos pecados. Esse movimento das pessoas despertou muita preocupação no poder político e religioso do Império. As autoridades perceberam que as minhas palavras e atitudes mexiam com a consciência das pessoas. E não demorou muito para que eu viesse parar aqui nesta prisão, fria e escura. Mas lá fora, para além desse cárcere fétido e sombrio, o sol da justiça brilha e aquece todas as pessoas que acreditam num novo tempo de paz, justiça, liberdade, compaixão e amor. O Reino de Deus está entre nós, a graça e luz do Messias guiarão para sempre os caminhos da humanidade.

"... Por aqueles dias João Batista foi assassinado na prisão. Quando os seus discípulos souberam, vieram

e pegaram o corpo dele e o puseram numa sepultura"
(Mc 6,29).

"O nascimento de João Batista é o evento que ilumina a vida dos seus pais, Isabel e Zacarias, e envolve os parentes e os vizinhos na alegria e na admiração. Estes pais idosos tinham sonhado e até preparado aquele dia, mas já não o esperavam: sentiam-se excluídos, humilhados, desiludidos: não tinham filhos. Diante do anúncio do nascimento de um filho (cf. Lc 1,13), Zacarias ficara incrédulo, porque as leis naturais não o permitiam: eram velhos, idosos; por conseguinte, o Senhor o tornou mudo durante todo o tempo da gestação (cf. v. 20). É um sinal. Mas Deus não depende das nossas lógicas nem das nossas limitadas capacidades humanas. É preciso aprender a confiar e a silenciar diante do mistério de Deus e a contemplar com humildade e silêncio a sua obra, que se revela na história e que muitas vezes supera a nossa imaginação" (Papa Francisco – Oração do Ângelus – 24/06/2018).

Tudo por causa
de um grande amor

ANDRÉ, DISCÍPULO DE JESUS

Tudo por causa
de um grande amor

ANDRÉ, DISCÍPULO DE JESUS

Inspiração bíblica: Mateus 4,18-22

Meu nome é André, irmão de Simão Pedro. Nosso pai, desde a infância, nos ensinou o ofício da pesca. Ficávamos com ele à beira-mar e gostávamos de vê-lo consertando as redes e contando "causos" junto aos outros pescadores. Assim, crescemos entre barcos, redes, peixes... e a vida foi nos colocando mar adentro, até o dia em que Jesus entrou em nossas vidas. Na verdade, eu já era discípulo de seu primo, João Batista, e foi ele quem me apresentou Jesus como o Messias. E, por sua vez, eu o apresentei a meu irmão, Simão. O convite de Jesus foi simples e direto: "Sigam-me, e eu os levarei para outros mares e farei de vocês pescadores de homens".

Nós dois deixamos tudo, família, trabalhos, barcos, redes... Abandonamos as fontes de nossas seguranças econômicas e emocionais e partimos para a aventura do seguimento daquele que prometeu satisfazer os desejos mais profundos de nossos corações... E, assim, eis que vejo a minha vida virar do avesso. De tal forma me senti cativado por Jesus, que acabei convencendo outros amigos a fazerem parte do grupo dos discípulos. Convivi com Jesus durante os três anos de sua missão nesta terra. Não foi nada fácil viver o seu projeto, mas a verdade seja dita: ele nunca escondeu o quanto seria exigente segui-lo.

Certa tarde, caminhávamos à beira-mar, quando de repente um homem aproximou-se de Jesus e disse que o seguiria por onde quer que fosse. Jesus sorriu e lhe respondeu: "As raposas têm suas tocas e as aves do céu seus ninhos, mas o Filho do homem não tem onde repousar a cabeça". Em diferentes ocasiões, ele disse que, se alguém quisesse acompanhá-lo, deveria negar a si mesmo, tomar a cruz e segui-lo. Afirmava com veemência: "Se alguém vem a mim e ama seu pai, sua mãe, sua mulher, seus filhos, seus irmãos e irmãs e até sua própria vida mais do que a mim, não pode ser meu discípulo".

Jamais esquecerei o dia em que meu irmão, Pedro, sempre muito entusiasta, mas também preocupado com o futuro, corajosamente perguntou a Jesus o que todos nós, seus seguidores, queríamos saber: "Nós deixamos tudo para seguir-te, o que receberemos?". Jesus respondeu sem hesitar: "Ninguém que tenha deixado casa, irmãos, irmãs, mãe, pai, filhos, ou campos, por causa de mim e do Evangelho, deixará de receber cem vezes mais, já no tempo presente, casas, irmãos, irmãs, mães, filhos e campos, e com eles perseguição; e, na era futura, a vida eterna. Contudo, muitos primeiros serão últimos, e os últimos serão primeiros".

Confesso que muitas vezes não compreendia tudo o que Jesus falava, mas hesitava em interrogá-lo, porém, um dia, ao regressar de uma missão, aconteceu algo surpreendente. Era verão. O sol brilhava forte por cima do lago de Genesaré. Tínhamos caminhado dias e semanas a fio, atendendo muita gente, doentes, famintos, pessoas abandonadas e solitárias. Eu mal conseguia andar de tanto cansaço, além disso, do cabelo aos pés meu corpo estava inteiramente coberto pela poeira... Jesus também parecia exausto. Sentou-se à sombra de uma árvore e fechou os olhos. "Estamos cansados... Descansemos um pouco!"

Por uns instantes, contemplei aquele homem simples, pobre, de pés inchados e empoeirados, rosto castigado pelo sol, porém, mesmo com aspecto abatido, dele saía uma força inexplicável. À nossa volta, reinavam o silêncio, a suavidade e a calma. Sou despertado de meus pensamentos ao sentir a sua mão em meu ombro: "André, o que está acontecendo... Parece preocupado...!?".

Sentindo-me desconcertado com o seu questionamento, levantei-me, respirei fundo e disse: "Mestre, sinto a minha alma confusa, não compreendo tudo o que você fala, por vezes suas palavras são duras, fazem doer e, ao mesmo tempo, iluminam de tal maneira o meu coração, que passei a olhar as pessoas, as situações com os seus olhos. Não sou mais aquela pessoa que encontrou naquele dia à beira-mar, porém temo fracassar e desapontá-lo, pois sou frágil, com defeitos e minha fé é tão pequena. Gostaria de amar mais meus irmãos e de conviver melhor com eles, mas muitas vezes a ira sobrepõe-se ao amor; não foram poucas as vezes em que gastei tempo com discussões inúteis, por ciúme, inveja... Lembra, Jesus, daquele dia em que discutimos quem dentre nós, seus discípulos, era o maior?". "E você recorda, André, o que eu disse?". "É claro, Senhor! 'Entre vocês não deve ser assim, quem quiser ser grande entre vocês, que seja o servidor.'"

"André, você confiou em mim! Confiarei em você sempre, com todas as suas limitações, fraquezas e temores. Estarei sempre com você e em você. Juntos, construiremos o Reino do Pai. Jamais se esqueça de que o Reino dos Céus não é feito de coisas, nem de poder e força, e que fazer parte do Reino é viver a vida como o Pai deseja, vida abundante para todas as pessoas, indistintamente. E isso implica dor, incompreensões, sofrimentos, humilhações e, se necessário for... a morte. Você está disposto a abraçar esta vida?"

Naquele momento senti as lágrimas saltarem dos meus olhos, abracei fortemente Jesus e falei baixinho: "Mestre, você sabe que a minha confiança não se apoia em minhas próprias forças, mas em você, que tudo sabe e tudo pode. Sei que a sua luz dominará as sombras, quando elas insistirem em adentrar no meu coração, e a sua mão me conduzirá pelas passagens das portas estreitas da vida".

Permaneci por um longo tempo envolvido naquele abraço. A noite descia lentamente sobre nós... Amanhã, Deus iluminará novamente o mundo, e continuarei seguindo decididamente o caminho com o meu Mestre.

"O discípulo de Jesus não encontra a sua alegria no dinheiro, no poder, ou em outros bens materiais, mas nos dons que recebe de Deus todos os dias: a vida, a criação, os irmãos e as irmãs, e assim por diante: são dons da vida. Mesmo os bens que possui, sente-se feliz

em partilhá-los, porque vive na lógica de Deus. E qual é a lógica de Deus? A gratuidade. O discípulo aprendeu a viver na gratuidade. Esta pobreza é também uma atitude em relação ao sentido da vida, porque o discípulo de Jesus não pensa que o possui, que já sabe tudo, mas sabe que deve aprender todos os dias. E essa é uma pobreza: a consciência de ter que aprender a cada dia (...). Por isso é uma pessoa humilde, aberta, livre de preconceitos e rigidez" (Papa Francisco – Oração do Ângelus – 13/02/2022).

Sede de amor!

A MULHER SAMARITANA

Sede de amor!

A MULHER SAMARITANA

Inspiração bíblica: João 4,1-29

Meu nome é Yarin. Nasci em Sicar, na Samaria. Desde criança, por questões históricas, aprendi com meu povo a manter distanciamento dos judeus. É uma rivalidade antiga. Lembro-me de que meu pai contava histórias de invasões, atritos, massacres e sobre a destruição dos lugares sagrados, como o Templo no Monte Garazim. Por conta de tantos conflitos, judeus e samaritanos não se falavam. Eu jamais troquei uma palavra com alguém da Judeia, até o dia em que encontrei Jesus... Ele estava se dirigindo à Galileia e, para evitar um caminho mais longo, decidiu atravessar a Samaria.

O encontro aconteceu à beira do poço, onde todos os dias eu, sozinha, buscava água para beber, cozinhar e me banhar. Era meio-dia e, embora o verão estivesse quase terminando, o sol escaldante parecia "torrar os miolos", por isso, eu sabia que nesse horário provavelmente não encontraria outras mulheres conhecidas que pudessem condenar-me. Quando cheguei ao poço, vi um homem sentado, ele demonstrava cansaço e mantinha os olhos fechados... parecia cochilar. Foi despertado pelo barulho do meu balde batendo na boca do poço. Olhou-me e, com um leve sorriso, disse: "Que sorte a minha. Estou com muita sede, dá-me de beber". Não disfarcei o meu espanto diante daquele pedido, e olhei ao redor para me certificar se aquele homem estava mesmo falando comigo.

Com ar tranquilo, ele se levantou e disse: "Não há mais ninguém aqui, além de você e eu. Meus amigos foram até a cidade fazer compras, pois temos um longo caminho a percorrer e precisamos nos alimentar". E, caminhando calmamente em minha direção, pediu água novamente. Eu, indignada, lhe disse: "Como é que, sendo judeu, pede de beber a mim, que sou uma mulher samaritana?". Ele respondeu: "Se conhecesse o dom de Deus e soubesse quem está aqui diante de você pedindo água... Você é que pediria, e eu lhe daria água viva". Aquilo me pareceu absurdo, então eu disse: "Cheguei aqui e o encontrei quase morto de sede, e, talvez não saiba, mas este poço é fundo, e vejo que não tem nenhum balde. E, de maneira atrevida, me diz que tem água viva, água melhor do que a deste poço? Suponho que não pretenda ser maior que o nosso pai Jacó, que nos deu este poço, do qual ele mesmo bebeu, assim como seus filhos e animais!". Então ele me disse: "Eu sei disso tudo, porém, quem beber desta água terá sede novamente. A água que eu tenho saciará toda sede e para todo o sempre. Sinto o seu coração carregado de mágoas e ressentimentos e em seus olhos percebo uma grande sede de amor, perdão e plenitude".

Como para provocá-lo, eu disse que me desse daquela água, assim eu nunca mais teria sede e não precisaria mais vir buscar água. Ignorando o meu pedido, disse-me para chamar o meu marido. Eu prontamente lhe disse que não tinha marido, e ele olhou bem dentro de meus olhos e falou: "Você está certa ao dizer que não tem marido, pois já teve cinco, e este que você tem agora não é, de fato, seu marido. Sim, você disse a verdade". Enquanto falava, ajudou-me a puxar o balde cheio de água. Respirei fundo e, por alguns momentos, fiquei pensando quem poderia ser aquele homem que sabia detalhes de minha vida íntima. Com certeza, um profeta! Em meu coração, comecei a sentir o desejo de conhecê-lo melhor, pois suas palavras me davam confiança.

"Esclareça-me uma coisa: nossos pais adoraram a Deus sobre esta montanha, mas vocês, judeus, dizem que é em Jerusalém o lugar onde se deve adorá-lo. Afinal, quem tem razão?", perguntei.

"Acredite! Chegou a hora em que já não adorarão o Pai nem sobre esta montanha nem em Jerusalém. Vocês adoram o que não conhecem; nós adoramos o que conhecemos. Mas é chegada a hora em que os verdadeiros adoradores vão adorar o Pai em espírito e verdade. São esses os adoradores que ele quer."

Eu lhe disse que acreditava na vinda do Messias e que tudo seria esclarecido com a sua chegada. Tomando um gole de água, disse-me: "Sou eu, que falo contigo". Fui tomada por uma forte emoção... Naquele momento, chegaram os seus amigos e, claro, demonstraram espanto por vê-lo conversando comigo, uma mulher e samaritana.

Abandonei o balde e saí correndo rumo à cidade, meu coração pulava de alegria em meu peito, e eu precisava falar a todos que havia encontrado um homem que sabia tudo o que eu tinha vivido, de meus amores, perdas e dores, de minhas sedes e do desejo de sentido na vida. Nele, não somente encontrei respostas para as minhas inquietações, mas também sentido para a dor vivida, muitas vezes no silêncio e na solidão. Sim, ele é o

Messias, o esperado. O encontro com ele me conduziu pela trilha da salvação.

Muitas pessoas acreditaram em minhas palavras e foram ao encontro de Jesus. Perdi a conta daqueles e daquelas que me disseram: "Agora não é mais por causa do que você disse que nós cremos, mas porque nós mesmos o ouvimos falar. E sabemos que ele é, de fato, o Salvador do mundo".

"Eu pergunto a vocês e também a mim: 'Qual é o teu jarro interior, aquele que te pesa, aquele que te afasta de Deus?'. Deixemo-lo um pouco de lado e com o coração escutemos a voz de Jesus que nos oferece uma outra água, uma outra água que nos aproxima do Senhor" (Papa Francisco – Oração do Ângelus – 23/03/2014).

Um toque de vida

A mulher doente

Um toque de vida

A MULHER DOENTE

Inspiração bíblica: Marcos 5,25-34

O amor da minha vida partiu quando eu ainda era muito jovem. E, desde que isso aconteceu, a solidão tornou-se a minha companheira... Viúva e doente, sentia o tempo passar devagar e vivia os meus dias orando e tecendo, mas sentia-me cada dia mais fragilizada, pois uma terrível hemorragia consumia o meu corpo. Vivi nessa agonia por mais de doze anos. Busquei a cura em todos os médicos da redondeza, gastei todas as minhas economias e, ao invés de melhorar, minha situação piorava cada vez mais.

Para além do sofrimento da doença física, a minha angústia e dor tornavam-se ainda maiores pelo afastamento das pessoas. Eu sentia nos olhares o preconceito. Para todos, eu era uma mulher impura, indigna de andar pelas ruas, tocar nas pessoas e objetos. Perguntava-me insistentemente... Até quando Deus iria dar-me forças para resistir a tanta dor, solidão, desamparo e desprezo? Num certo dia, eu estava na tenda de um mercador para comprar ervas e sementes, quando ouvi algumas pessoas falando de um homem chamado Jesus.

A conversa sobre seus feitos corria solta, muitos diziam que frequentemente o viam percorrendo as aldeias com um grupo de seguidores, que ele falava coisas nunca ditas e realizava incríveis milagres, fazia mudos falar, surdos ouvir e até ressuscitou um tal Lázaro que residia em Betânia. Mas também foi possível ouvir o cochicho de alguns dizendo que se tratava de um curandeiro charlatão. Outros questionavam se seria um profeta ou o Messias tão esperado por todo o povo! Com uma coisa todos concordavam: aquele homem fazia tudo muito bem. Perto dele tudo ficava diferente, era possível sentir o céu próximo, pois suas palavras faziam a alma mergulhar numa profunda e inquieta paz. Ouvindo tudo aquilo, a chama da esperança se acendeu dentro de mim e pensei comigo mesma: "Ah! Se eu pudesse encontrá-lo para lhe falar de minhas angústias e dores, das preocupações que me acompanham, mas também das verdades em que eu acredito".

Um dia, enquanto trabalhava sentada na entrada da minha tenda, ouvi gritos de uma multidão alvoroçada... Por alguns instantes, não entendi o que estava acontecendo... Levantei-me e corri, e, quando dei por mim, estava no meio daquela multidão e então, diante de centenas de homens e mulheres, consegui ver Jesus! Contemplei-o demoradamente, em silêncio... Sim, algo nele o tornava especial. Por alguns instantes, tive a sensação de que só havia eu e ele ali, tamanha a paz que sua presença exalava. Gritos e empurrões me fizeram "acordar do sonho"... Voltei à realidade e sentia o meu corpo dolorido pelo empurra-empurra da multidão. Caminhei de mansinho atrás dele e, confiante, eu só pensava: "Se ao menos eu tocar na barra da sua roupa, ficarei curada". Meu coração batia acelerado, era medo e também esperança de enfim ser libertada daquele sofrimento e aflição. Estiquei o braço e minha mão alcançou a franja de seu manto, imediatamente eu senti que estava livre da doença. Foi algo espantoso, a vida voltou a fluir dentro de mim. Um misto de alegria, fé, paz e liberdade tomou conta de meu coração. Prontamente, Jesus parou, voltou-se para trás e perguntou quem o tinha tocado... Senti muito medo, quando ouvi ele dizer que uma força havia saído de dentro dele. Sua expressão era de alguém que queria saber quem ousou tocá-lo... A multidão silenciou, olhares atônitos... Todos queriam saber quem teria agido de maneira tão atrevida! Eu não tinha saída, tremendo, joguei-me aos seus pés e contei a verdade... Ele se abaixou e me levantou! Eu nunca vi olhos tão serenos, penetrantes e calmos! Eram os olhos de Deus fitando-me com misericórdia. Os soluços abafaram a minha voz e todo o meu temor desapareceu quando ele me envolveu em seus braços e baixinho disse: "Minha filha, sua fé a curou. Não tenha mais medo... A partir de agora você está livre da doença. Vá em paz!".

Os olhares das pessoas, outrora de preconceito, agora eram de admiração, assombro e alegria. O sol se punha e soprava uma leve brisa! Meus passos, agora firmes, me conduziram para casa! Quando entrei em minha tenda, senti o meu corpo e meu espírito leves e calmos. Naquela noite, o céu encheu-se de estrelas e pude sentir a suavidade da noite tomando conta de minha alma. A vida é árdua, mas sei que, de agora em diante, os dias e os anos que me restam viver serão cheios de graça, liberdade e paz.

"Qual é a maior doença da vida? O tumor? A tuberculose? A pandemia? Não! A maior doença da vida é a falta de amor, é não conseguir amar. Aquela pobre mulher estava doente, sim, tinha fluxo de sangue, mas, por conseguinte, sofria de carência de amor, pois

não podia estar socialmente com os outros. E a cura mais importante é a dos afetos. Mas como encontrá-la? Podemos pensar nos nossos afetos: estão doentes ou são saudáveis? Estão doentes? Jesus é capaz de os curar!" (Papa Francisco – Oração do Ângelus – 27/06/2021).

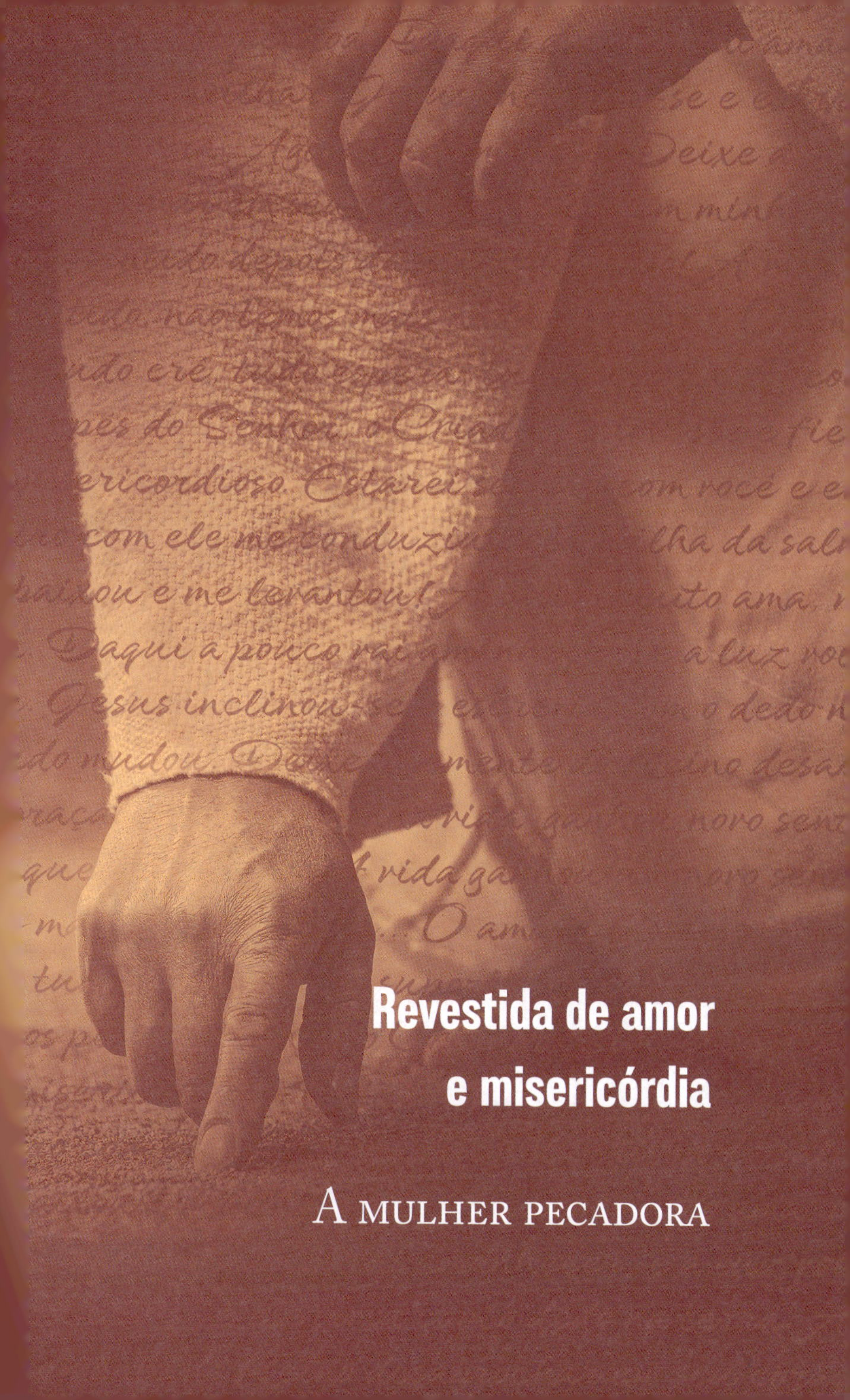

Revestida de amor e misericórdia

A mulher pecadora

Revestida de amor e misericórdia

A MULHER PECADORA

Inspiração bíblica: Lucas 7,36-50

Chamo-me Nianny, mas infelizmente poucos sabiam o meu nome, pois em toda a cidade eu era conhecida como a pecadora. Eu tinha 12 anos quando meu pai me vendeu para um homem da cidade de Betfagé. Ele era oleiro. Sofri terrivelmente em suas mãos por longos quinze anos. Como não conseguia dar-lhe um filho, ele, sua família, os vizinhos e conhecidos me consideravam maldita. Não suportando mais tanta tristeza e humilhação, decidi abandonar tudo e viver nas ruas de Cafarnaum. Sozinha e sem dinheiro, tive apenas uma alternativa: enveredar pelos caminhos da prostituição para garantir minha sobrevivência. Antes, maldita pela infertilidade, e, depois, impura e pecadora por causa da prostituição.

Um dia, eu estava passando perto do Templo e ouvi um homem que falava a um grupo de sacerdotes e anciões que "os cobradores de impostos e as prostitutas entrariam antes deles no Reino do Céu". Aquilo despertou minha atenção. Quem seria ele? Por que e como podia afirmar com tanta convicção que mulheres como eu, pecadoras, mereciam o Reino do Céu? A partir daquele dia, passei a segui-lo nos campos, vilarejos, aldeias e montanhas, porque escutá-lo me fazia bem. Era fascinante ouvir suas histórias, e eu queria compreender mais e melhor suas palavras... Não nego que muitas vezes fui atrás dele por causa do alimento que partilhava com quem nada tinha. Mas o que eu desejava mesmo era conhecer o seu Deus, o Deus que oferecia salvação, que, como Pai, acolhia a todos sem impor condições. Sentia que aquele homem não era somente amigo do bem e da verdade; ele me fez compreender melhor o que era o Reino de Deus e por que esse Reino, e não a Lei, norteava suas palavras, seus gestos e decisões. Também não foi difícil entender por que ele era malvisto e não aceito pelos grandes.

As autoridades religiosas e políticas não suportavam ouvir seus discursos sobre direito à vida, partilha, respeito pela dignidade do outro. O fato de ele se mostrar solidário com os pobres, doentes, famintos, crianças, os simples e ignorados e, também, com mulheres como eu, deixava as autoridades incomodadas e enfurecidas. Sua mensagem de salvação e libertação aproximava o coração das pessoas ao coração de Deus.

Certo dia, eu soube que Jesus participaria de um jantar na casa de um homem rico, chamado Simão... Recolhi minhas economias e comprei um alabastro com nardo puro. Seria uma grande oportunidade de homenageá-lo e, principalmente, de receber dele a salvação, pois estava convencida de que somente sua misericórdia e perdão poderiam tornar-me uma nova mulher.

Chegando perto da casa daquele homem rico, ouvi o som da música e pude sentir a fragrância dos manjares... Espiei por alguns momentos a movimentação dentro da casa e não foi difícil perceber onde estava Jesus... Os convidados reclinados nas poltronas bebiam e conversavam animadamente. Respirei fundo e adentrei... Claro que minha presença aí era visivelmente estranha e desagradável, pois eu não passava de uma intrusa atrevida e pecadora. Decidida, caminhei em direção a Jesus.

Retirei o véu e percebi que muitos me reconheceram...As pessoas se entreolhavam, algumas demonstravam constrangimento e desconforto. O silêncio pesado na sala foi quebrado por um acesso de tosse do anfitrião fariseu. Ele me conhecia... Como muitos que aí se encontravam.

Sob os olhares de condenação e indignação, ajoelhei-me e tomei em minhas mãos os pés de Jesus, desatei as correias de suas sandálias e não pude conter o choro. Sobre seus pés se misturaram minhas lágrimas de dor e o perfume de meu amor por ele, pois, em cada palavra que ouvia de sua boca, revelava-se a verdade de minha vida. Tirei o arco de minha cabeça, inclinei-me e, com meus cabelos, enxuguei seus pés e os beijei. Em meu beijo havia a gratidão pelo seu amor e acolhimento. Depositei meu coração aos seus pés. Jesus colocou as mãos em meus ombros, não se importando com a reação e o julgamento daquelas pessoas... Seu olhar revelava que sabia o que se passava na cabeça de cada convidado e, principalmente, na mente do anfitrião fariseu: "Como pode se deixar tocar por uma mulher mergulhada no pecado? Como pode tolerar isso?". E, dirigindo-se a Simão, contou uma história: "Certo credor tinha dois devedores. Um lhe devia quinhentas moedas de prata e o outro lhe devia cinquenta. Como não tivessem com que pagar, o homem perdoou aos dois. Na sua opinião, qual deles o amará mais?". Simão respondeu: "Acho que é aquele a quem ele perdoou mais". Jesus lhe disse: "Você julgou certo". Voltando o seu olhar para mim, disse a Simão: "Está vendo esta mulher? Entrei em sua casa e você não derramou água em meus pés, como fazem os anfitriões; ela, porém, banhou meus pés com lágrimas e os enxugou com os cabelos. Você não me deu o beijo de saudação, como é o costume entre nossa gente, quando se recebe alguém; ela, porém, desde que chegou, não parou de beijar meus pés. Você não derramou óleo na minha cabeça; ela, porém, ungiu meus pés com perfume. Por essa razão, eu declaro: os muitos pecados que ela cometeu estão perdoados, porque demonstrou muito amor. A quem muito ama, muito se perdoa. Mas, a quem pouco ama, pouco se perdoa".

E, olhando bem dentro de meus olhos, disse: "Seus pecados estão perdoados!". Aí, diante de Jesus, eu me senti uma nova mulher, agora e para sempre revestida por sua misericórdia... Ele me devolveu o direito de ser feliz! Indiferente aos comentários de como era possível a ele perdoar pecados, Jesus levantou-se e me deu um afetuoso abraço, dizendo: "Você foi salva pela sua grande fé! Siga em paz!". Deixei a casa e parti em paz e feliz!

"O Senhor só salva quem sabe abrir o coração e reconhecer-se pecador. Reconhecer os pecados, a nossa miséria, aquilo que somos, o que

somos capazes de fazer ou que já fizemos, é a porta que se abre ao carinho de Jesus, ao seu perdão, à sua Palavra. O lugar privilegiado do encontro com Cristo são os próprios pecados" (Papa Francisco – Homilia na Casa Santa Marta – 18/09/2014).

Amigos mais que irmãos

Maria, Marta e Lázaro

Amigos mais que irmãos

MARIA, MARTA E LÁZARO

Inspiração bíblica: Lucas 10,38-42; João 11,1-45

É inverno. Posso ver pela fresta da janela do meu quarto um tênue nevoeiro cobrindo as oliveiras e figueiras. Minhas irmãs, Marta e Maria, choram copiosamente pressentindo que logo nos separaremos... Dentro de mim, tenho certeza de que meu amigo Jesus me aguarda do outro lado da porta. Nesse momento, vêm à minha mente tantas recordações de nossos encontros e diálogos... Como não me lembrar daquele dia em que ele me fez reviver?! Mas agora sei que estarei eternamente com ele. Em meu pensamento, contemplo a morte e, estranhamente, não sinto medo nem angústia. Será que é porque já a experimentei e tudo me pareceu como se dormisse um profundo sono!? Com gratidão, olho para a vida que vivi e, junto com minhas amadas irmãs, sinto que fui privilegiado por ter conhecido Jesus tão de perto e por ter desfrutado de sua amizade e de seu amor. Todas as vezes em que ele se dirigia a Jerusalém, a pacata e tranquila Betânia era parada obrigatória... Jesus dizia sempre: "Esta casa é o meu oásis". O pensamento voa, e como me são agradáveis as lembranças de nossos encontros; passávamos as madrugadas conversando.

Ele nos falava do amor de Deus, Pai de todos, da convivência com sua mamãe Maria, das lembranças do trabalho na carpintaria com o seu pai, José, de suas idas e vindas pelas aldeias e cidades com os seus discípulos. Sempre que chegava à nossa casa, subia as escadas gritando os nossos nomes: "Lázaro, Maria, Marta, cheguei!". Corríamos ao seu encontro. Maria apressadamente preparava água numa bacia para lavar seus pés e aí permanecia para ouvi-lo... enquanto isso, Marta fazia um de seus quitutes preferidos: doce de figo com queijo de cabra e pão de cevada. Maria, aos pés de Jesus, e Marta, diante do fogão... Só mesmo o meu amigo para entender o que se passava no coração das duas.

Sem nenhuma cerimônia, Jesus dizia para Marta não se preocupar demasiadamente com os trabalhos da casa que a deixava tão agitada e inquieta.

Cheguei a pensar, em algumas situações, que minha irmã Marta sentia, bem lá no fundo de seu coração, uma ponta de ciúme de Maria. Talvez se perguntasse: "Seria ela a preferida de Jesus?!". Não foram poucas as vezes em que a vi disfarçadamente enxugando as lágrimas em seu avental. Meu amigo Jesus tudo percebia e pacientemente lhe falava sobre a essencialidade da vida, que amar a Deus sobre todas as coisas é o mais importante. Esse é o caminho para a liberdade e beleza interior, e isso jamais seria tirado dela.

As recordações são interrompidas pelos passos de minhas irmãs que adentram o quarto e aproximam-se de meu leito... A presença delas me consola e sinto-me confortado. É noite! Experimento um cansaço inexplicável... O meu corpo parece não suportar mais a vida. As minhas duas irmãs também parecem exaustas, mas permanecem sentadas à minha cabeceira. Maria afaga meus cabelos com ternura.

<hr>

Lázaro entrega-se ao sono. Marta silenciosamente sai do quarto e dirige-se ao terraço. Sente o vento frio roçar sua pele, delicadamente se abriga num manto de pele de ovelha, mas o frio que sente por dentro é maior que a brisa úmida que sopra. Enquanto caminha lentamente pelo terraço, sua mente é tomada pelas recordações de quando seu irmão Lázaro morreu e Jesus o ressuscitou. Ele estava sepultado havia quatro dias, quando Jesus veio a Betânia.

Eu e minha irmã, Maria, estávamos inconsoláveis e, até de maneira atrevida, cobramos Jesus por ter demorado a chegar, pois acreditávamos que, se estivesse presente, teria salvado a sua vida. Compadecido pela minha dor, Jesus me abraçou ternamente e me disse: "Marta, teu irmão ressuscitará. Eu sou a ressurreição. Quem crê em mim, ainda que morra, viverá. E quem vive e crê em mim, jamais morrerá. Você crê nisso?". Eu olhei firmemente em seus olhos e confidenciei com toda a fé do meu coração: "Sim, creio, porque tu és o Cristo, Filho de Deus".

Lembro-me de como Jesus mostrou-se preocupado com minha irmã Maria, pois lhe contei que, desde que nosso irmão partiu, ela não saía mais de casa, mal tocava na comida, além disso, na escuridão da noite, seus olhos permaneciam alertas como que à espera de uma luz. Pediu-me para chamá-la. Quando disse a ela que Jesus havia chegado, enxugou as lágrimas, levantou-se rapidamente e foi ao encontro do Mestre. Ao vê-la tão triste, Jesus se comoveu e chorou. Maria o levou até a sepultura.

Os vizinhos e amigos de nossa família os acompanharam chorosos e comentavam admirados o quanto Jesus amava Lázaro, sentindo a dor da ausência do amigo. Chegando perto da gruta onde ficava o sepulcro, Jesus pediu aos seus discípulos que removessem a pedra. Eu tentei impedi-lo, pois, após quatro dias enterrado, o cheiro seria insuportável. Com os olhos cheios de lágrimas, Jesus aproximou-se de mim e de Maria, envolvendo-nos num abraço. Quase num sussurro, disse: "Amigas, eu não disse que, se vocês acreditarem, verão a glória de Deus?". Os discípulos rolaram a pedra. Jesus levantou os olhos para o alto e rezou: "Pai, eu te dou graças porque me ouviste. Eu sei que sempre me ouves, mas eu falo por causa das pessoas que me rodeiam, para que acreditem que tu me enviaste!...". E gritou bem forte: "Lázaro, venha para fora!". Em meio à escuridão do túmulo, o movimento de um vulto... E meu irmão Lázaro apareceu com o corpo enrolado em faixas, exceto os pés.

A gruta onde repousara o seu corpo agora estava banhada de luz; no ar, havia um perfume de vida. As pessoas explodiram de alegria... Jesus o trouxe de volta à vida. A fascinante notícia da ressurreição de Lázaro correu de boca em boca por toda a Betânia, a outros vilarejos e aldeias. Por fim, chegou aos ouvidos das autoridades do Templo em Jerusalém, que considerou isso muito ruim. Os sinais realizados por Jesus incomodavam os sumos sacerdotes. Desse dia em diante, eles decidiram eliminar Jesus e meu irmão Lázaro. E a hora não tardou... Jesus foi traído, condenado e morto... Mas o Pai o ressuscitou, e nós somos testemunhas de sua ressurreição e de sua promessa de amor: "Na casa de meu Pai há muitas moradas. Vou preparar-vos um lugar e, mais tarde, virei novamente e vos levarei comigo, a fim de que, onde eu estiver, estejais também".

O brilho de um relâmpago risca o céu, sou despertada de minhas lembranças. Retorno ao quarto de meu irmão Lázaro. Maria permanece sentada ao seu lado. Abraço-a! Compreendemos que a separação é momentânea, porque tornaremos a nos encontrar na eternidade. Daqui a pouco vai amanhecer, e a luz voltará a brilhar.

"... Somos chamados a remover as pedras de tudo o que cheira a morte: a hipocrisia com que se vive a fé é morte; a crítica destrutiva dos outros é morte; a ofensa, a calúnia, é morte; a marginalização dos pobres é morte. O Senhor pede-nos para remover estas pedras do coração, e a vida então florescerá novamente ao nosso redor. Cristo vive, e aquele que o acolhe e adere a ele entra em contato com a vida. Sem Cristo, ou fora de Cristo, não só a vida não está presente, mas cai-se de novo na morte" (Papa Francisco – Oração do Ângelus – 20/03/2020).

Das trevas para a luz

Uma mulher adúltera

Das trevas para a luz

UMA MULHER ADÚLTERA

Inspiração bíblica: João 8,1-11

As primeiras luzes do dia despontam e os olhos do mundo estão voltados aqui para Jerusalém. Vivemos dias difíceis, de apreensão e medo. Ontem à noite Jesus foi preso, e tememos pelo pior. As autoridades políticas e religiosas conseguiram convencer o povo de que Jesus é um impostor, um líder revolucionário que cada vez mais está trazendo problemas para o Império Romano.

Eu e mais algumas mulheres passamos a noite em vigília, pois sabemos que, para qualquer pessoa que apoia quem questiona ou atenta contra o Império Romano, a sentença é a morte. Nós, amigos e amigas de Jesus, estamos muito preocupados.

Eu devo minha vida a Jesus. Ele me salvou das mãos dos escribas e fariseus. Um dia fui surpreendida traindo o meu marido. Ainda ecoa em meus ouvidos os gritos enfurecidos: "Maldita, filha da perdição!". Sempre tive consciência de que vivia em pecado, mas fui usada como "isca" para fazer uma acusação contra Jesus. Amarraram minhas mãos e arrastaram-me para a porta central do Templo, onde Jesus conversava com um grupo de pessoas. O meu corpo doía pela violência dos empurrões. Dentro de mim, vergonha, confusão e medo... as minhas pernas tremiam, o coração acelerado me dizia que eu seria apedrejada até a morte. Jogaram-me com violência ao chão. Sentia sobre mim os olhos de todos, alguns maliciosos, outros de condenação, desprezo e nojo. Mas, um olhar diferente de todos que aí estavam fixou o meu, e nele havia compaixão e bondade. Era Jesus!

Aquele olhar solidário fez eu sentir, por um breve instante, minha alma ir do inferno ao céu. Porém, o grito e a expressão de ferocidade de um homem, de barba branca, vestido com uma longa túnica e com um turbante na cabeça, apontando o dedo em minha direção, me fizeram voltar à realidade: "Mestre, esta mulher foi apanhada em adultério. Moisés mandou-nos, na lei, que apedrejássemos tais mulheres. Que dizes tu sobre isso?". Jesus inclinou-se e escrevia com o dedo na terra; moveu os lábios como se quisesse dizer alguma coisa, porém silenciou. Diante da insistência deles para que falasse alguma coisa, ele ergueu-se e disse-lhes: "Quem dos senhores estiver sem pecado, seja o primeiro a lhe atirar uma pedra". Abaixando-se novamente, olhou firmemente em meus olhos e continuou a escrever. Os gritos cessaram, eu ouvia somente um pequeno burburinho e o barulho das pedras caindo ao chão... Sentindo-se acusados pela própria consciência, todos foram embora, a começar pelos mais idosos. Olhei ao meu redor... não havia ninguém. Era possível ouvir a voz do silêncio... Aí estávamos, eu e ele somente.

Lentamente, Jesus levantou-se e ajudou-me a ficar em pé. Limpou o meu rosto empoeirado, secou minhas lágrimas e perguntou-me: "Onde estão os que te acusavam? Ninguém te condenou?". Eu respondi: "Ninguém, Senhor". Olhando fixamente em meus olhos, disse-me: "Abre bem os ouvidos e grava em teu coração. Eu também não te condeno. Vai em paz e não peques mais". Permaneci imóvel contemplando aquele rosto que me fez voltar à vida. Incrivelmente, em nenhum momento quis saber o que eu fiz, quando, onde, como, por que e com quem. Aí, naquela hora, pude experimentar que a sua misericórdia e o seu amor não têm limites. Ele não somente me livrou das pedras que me levariam à morte, mas me fez perceber aquelas que também eu carregava em meu coração e que me impediam de ser uma mulher autenticamente livre, transparente e feliz. Jesus, então, despediu-se e caminhou em direção ao Templo. Eu parti com o coração em paz e a minha vida banhada em luz.

A partir daquele dia, juntei-me à minha amiga, Maria Madalena, e às outras mulheres que acompanhavam Jesus em suas atividades missionárias. Partilhávamos os nossos bens com quem pouco ou nada tinha, cuidávamos dos doentes, assistíamos os órfãos e as viúvas e acolhíamos em nossas casas as mulheres prostituídas e abandonadas. A todos falávamos dos ensinamentos de Jesus, do seu amor e da sua misericórdia; da paz e das alegrias de uma vida nova que ele prometia e realizava.

"Os acusadores da mulher adúltera são aqueles que se vangloriam de 'observadores da lei de Deus, pessoas regradas e justas. Não se preocupam com os próprios defeitos, mas mostram-se muito atentos na descoberta dos alheios', ou seja, procuram Jesus não para escutá-lo, mas para encontrarem um motivo de queda para acusá-lo. A vida daquela mulher muda graças ao perdão. O Senhor quer que

também nós, seus discípulos, nós como Igreja, perdoados por ele, nos tornemos testemunhas incansáveis de reconciliação: testemunhas dum Deus para o qual não existe a palavra 'irrecuperável'; dum Deus que sempre perdoa, continua a crer em nós e todas as vezes dá a possibilidade de recomeçar. Não há pecado ou fracasso que, levados a ele, não possam tornar-se ocasião para começar uma vida nova, diferente, sob o signo da misericórdia" (Papa Francisco – Homilia na Eucaristia Piazzale dei Granai – 03/04/2022).

Alcançado pelo olhar do amor

ZAQUEU

Alcançado pelo olhar do amor

ZAQUEU

Inspiração bíblica: Lucas 19,1-10

Nasci em Jericó. Meus pais eram agricultores. Ainda quando criança e na minha adolescência, aprendi com meu pai tudo sobre produção e exportação de bálsamo. Mas não segui, em minha vida adulta, os negócios da minha família. Decidi prestar serviço ao Império Romano. No início, era cobrador de impostos e taxas e, em pouco tempo, fui promovido, eu me tornei chefe dos publicanos e fazia a supervisão da coleta dos impostos. Enriqueci rapidamente, pois, na hora de fazer a arrecadação, eu cobrava mais do que deveria e repassava ao governo romano somente a parte estipulada em contrato.

Aos olhos do povo, eu era um pecador, e bem lá no fundo eu tinha consciência do meu pecado. Mas como me libertar dessa culpa que tanto me incomodava? Como seria possível me livrar das amarras do poder, da riqueza e da corrupção? Será que eu suportaria uma vida sem uma boa comida, roupas finas e elegantes, sendo privado dos primeiros lugares nas festas? Sim, existia um caminho... Melhor... Uma pessoa!

A primeira vez que ouvi falar de Jesus foi quando ele curou um cego em minha cidade, Jericó. Por conta dessa cura, o povo cada vez mais se mostrava fascinado por suas palavras e, quando ele passava pela cidade, era um alvoroço, as pessoas corriam ao seu encontro para ouvi-lo e serem curadas. Isso me deixava curioso e com grande desejo de conhecê-lo. E tudo aconteceu num dia em que eu estava sentado com meus amigos na Coletoria de Impostos. De repente, comecei a ouvir gritos e vozes, e caminhei na direção de onde vinha o barulho. Uma multidão gritava o nome de Jesus, mas eu não conseguia vê-lo por causa de minha baixa estatura. Não pensei duas vezes, corri e subi num pé de figueira. Ao passar perto, Jesus olhou para cima e me disse: "Zaqueu, desça já daí, pois hoje preciso ficar em sua casa. Quero tomar uma refeição com você e sua família!". Eu mal podia acreditar... Jesus disse o meu nome?! Percebeu a minha presença?!

Ele deseja estar em minha casa e sentar à mesa comigo?! O coração estava acelerado e minhas pernas tremiam... por muito pouco não despenquei do alto da figueira. Eu podia sentir os olhares de condenação de todos os que aí estavam. Ninguém conseguia entender como ele poderia entrar em minha casa. Como poderia hospedar-se na casa de um pecador? Jesus parecia não se importar com os comentários e as críticas das pessoas.

Desci da figueira todo desajeitado, porém muito alegre. Caminhando em direção a minha casa, comecei a dizer: "Olha, Senhor! Eu sou muito rico, mas darei metade de tudo o que tenho aos pobres e, às pessoas que extorqui, devolverei quatro vezes mais". Os olhos penetrantes de Jesus encontraram os meus e ele firmemente me disse: "Hoje a salvação entrou nesta casa, porque você é um filho de Abraão. Entrei em sua casa e percebi a largueza de seu coração".

As palavras de Jesus trouxeram-me paz... Meu espírito estava desorientado, pois eu enxergava apenas o mundo visível. Compreendi que não só a minha estatura era pequena, mas também os meus sentimentos e sonhos. O convite inesperado para entrar em minha casa abriu o meu coração para uma urgente necessidade de mudança.

O momento da salvação chegou e eu não serei mais o mesmo Zaqueu, homem atormentado pela solidão e pela vaidade. Agora tudo mudou, o encontro com Jesus me tornou um homem de luz e sedento da verdade. Descer da figueira foi só o começo de uma longa e transformadora história... É preciso descermos no mais profundo da alma para compreender o quanto somos frágeis e facilmente atormentados pelos ventos contrários. Somente o abandono confiante ao sopro divino pôde me levar mais para perto daquele que preencheu a minha casa de vida, verdade e luz.

"Isso é importante: o primeiro olhar não é de Zaqueu, mas de Jesus, que, entre os muitos rostos que o cercam, procura exatamente aquele. O olhar misericordioso do Senhor nos alcança antes mesmo que nós percebamos ter necessidade de sermos salvos" (Papa Francisco – Oração do Ângelus – 03/11/2019).

Memórias de um
traidor arrependido

PEDRO APÓSTOLO

Memórias de um traidor arrependido

Pedro Apóstolo

Inspiração bíblica: Mateus 4,18-20; Lucas 5,1-6; Mateus 14,22-33; Lucas 18,31-34; Lucas 22,14-23; Lucas 22,54-62; João 20,1-10

É madrugada! Logo os primeiros raios de sol iluminarão Roma e pressinto que a minha hora está bem próxima. Nestes últimos tempos, a perseguição aos cristãos tornou-se mais acirrada e muitos de meus amigos já partiram. Eu permaneci aqui, nesta cela, à espera, e sinto no fundo de minha alma que logo estarei para sempre junto do meu

Mestre. Apesar das prisões, sofrimentos e perseguições, sinto-me em paz. Conheço essa paz, ela vem das palavras de Jesus, gravadas em meu coração... Como a lembrança de suas palavras me fortalece! Verdadeiramente hoje me sinto uma pedra firme, um homem novo.

Aqui dentro dessa prisão a roda do tempo recua, e, em minha memória, vem a recordação de minha jornada, o convite a segui-lo, o medo, a afeição, as repreensões e a confiança em mim para que fosse construída sua Igreja. Lembro-me perfeitamente do meu dia a dia em Cafarnaum, onde eu tinha um pequeno negócio no ramo da pesca com meu irmão André. Eu era conhecido como "Pedro dos peixes". Cafarnaum era uma cidadezinha pacata, à beira-mar, onde a maioria das pessoas trabalhava na pesca, como eu e meus irmãos. Como era uma cidade desenvolvida comercialmente, sofríamos duramente com os altos impostos cobrados pelos romanos. Apesar de tamanha exploração, sempre fui apaixonado pela profissão de pescador, pois, graças à pesca, quase sempre abundante, eu sustentava minha família.

Recordo-me com saudade dos longos e bons papos com os amigos pescadores, das caminhadas nos fins de tarde à beira do lago. A calmaria das águas quentes e doces refletia o meu desejo de viver, tranquilo e feliz, entre remos, redes, minha família e meus amigos. Mas não são as lembranças de minha vida naquele lago que falam mais alto, e, sim, aquele encontro com Jesus, de quem nosso amigo João Batista já havia falado. Meu irmão André também o tinha encontrado algumas vezes caminhando pela praia. Seu olhar penetrante tocou fundo a minha alma... Sorriu e, assim, sem mais nem menos, me chamou dizendo que contava comigo para implantar um mundo novo. Desconcertado, minha cabeça dava voltas, afinal, quem era eu para ajudar a construir um mundo novo? Sentia-me tão pequeno, simples e, também, tinha consciência de meu caráter impulsivo e inconstante.

Os dias passavam e eu ficava observando Jesus a conversar com os pescadores, artesãos, ferreiros, comerciantes... As multidões afluíam sem cessar das aldeias mais longínquas, e os olhos de todos brilhavam ao ouvir suas palavras... Aos poucos, fui compreendendo que eram palavras de vida eterna. Jesus ouvia o clamor de conhecidos e anônimos, acolhia quem o buscava como a última esperança, sempre próximo de todos; não evitou a companhia dos pecadores e prostitutas. Ele criticou duramente quem se achava guardião da religião e mostrou que o centro da religião estava para além do Templo, estava na vida. De vez em quando, Jesus até arriscava uma pescaria com o grupo de pescadores, mas o que ele apreciava mesmo era saborear peixe grelhado com pão de cevada.

Impossível esquecer aquele dia em que eu e meus companheiros passamos a noite pescando sem nada conseguir.

Estávamos exaustos e resolvemos descansar à beira do lago, quando fomos surpreendidos por Jesus, que, tirando as sandálias, pediu que voltássemos ao barco e avançássemos para águas mais profundas. Quando chegamos no meio do lago, ele fez um sinal com a mão para que lançássemos as redes. Um pouco incrédulo, mas em atenção à sua palavra, joguei as redes e, em pouco tempo, estava repleta de peixes... Dentro de mim se deu um misto de alegria e assombro. Eu, um pescador tão experiente, jamais havia visto coisa igual. Num impulso me joguei a seus pés e, naquele instante, senti ainda mais forte a minha pequenez. Jesus me levantou e disse: "Pedro, venha comigo, juntos seremos pescadores de pessoas". Parti, caminhei ao seu lado, acreditei em cada palavra pronunciada por seus lábios, compreendi e proclamei com todas as forças de meu coração que ele é o Cristo, o Messias, o Filho do Deus vivo. Jamais esquecerei as horas sagradas em que percorremos junto as estradas empoeiradas da Galileia; meus olhos contemplaram curas e milagres, desconfiado, andei sobre as águas e, no auge do desespero, ele tomou minha mão. Eu o vi transfigurado... Cresci em sua graça, por seu amor superei o medo, o pecado, o orgulho, a dúvida e a mentira.

Incontáveis foram as vezes em que o Mestre tentou explicar para mim e meus companheiros que ele sofreria muito, seria rejeitado pelos líderes e que o entregariam à morte, mas que ressuscitaria no terceiro dia. Como aceitar isso? A rejeição e a morte? Estas verdades começaram a fazer sentido naquela noite em que nos sentamos à mesa para a última ceia. Jesus levantou-se e pôs-se a lavar os pés de meus amigos... Ousaria fazer o mesmo comigo?... Eu não conseguia entender tal atitude... Como aceitar que ele, o Mestre, se curvasse aos meus pés? Aquela noite parecia tão longa e escura. Tudo em mim era confusão e medo! Jesus preso... tão impotente, humilhado, tratado como um malfeitor. Nossos olhos se cruzaram e chorei amargamente ao lembrar-me das promessas feitas... "Mestre, ainda que todos te abandonem, eu nunca te abandonarei... Mesmo que seja preciso que eu morra contigo, nunca te negarei" (Mt 26,33.35). Sentia-me desfalecer diante de tamanha traição... Como pude negá-lo, quando mais precisava de mim?

Tudo em minha vida ganhou novo sentido depois daquele domingo! Pela manhã, a descoberta do sepulcro vazio; ao entardecer, o encontro comigo e com meus amigos... Ele estava aí nos desejando a sua paz, a paz de uma vida nova! O medo transformou-se na alegria do reencontro. A ressurreição iluminou a minha vida e, juntamente com o Mestre ressuscitado, iniciamos um mundo novo. Passei a ver as pessoas e as realidades com os olhos do coração e aprendi a extrair alegria da dor, doçura da dureza, coragem do temor, bondade da maldade, amor do ódio.

Agora, debruçado sobre o pergaminho em que escrevo as últimas palavras, revejo os dias e as noites vividos aqui, na cidade eterna, e recordo as igrejas e comunidades por onde passei ensinando e testemunhando a vida de Jesus Cristo Ressuscitado. Em breve estarei com ele para sempre! Para vocês que permanecem neste caminho, vivam corajosamente as verdades do Mestre...

"... Jesus amou Pedro desinteressadamente e apostou nele. Encorajou-o a não desistir, a lançar novamente as redes ao mar, a caminhar sobre as águas, a olhar com coragem para a sua própria fraqueza, a segui-lo pelo caminho da cruz, a dar a vida pelos irmãos, a apascentar as suas ovelhas. Deste modo libertou-o do medo, dos cálculos baseados apenas nas seguranças humanas, das preocupações mundanas, infundindo nele a coragem de arriscar tudo e a alegria de se sentir pescador de homens. Foi precisamente a ele que chamou para confirmar na fé os irmãos e deu-lhe as chaves para abrir as portas que levam a encontrar o Senhor e o poder de ligar e desatar: ligar os irmãos a Cristo e desatar os nós e as correntes das suas vidas" (Papa Francisco – Homilia na Basílica de São Pedro – 29/06/2021).

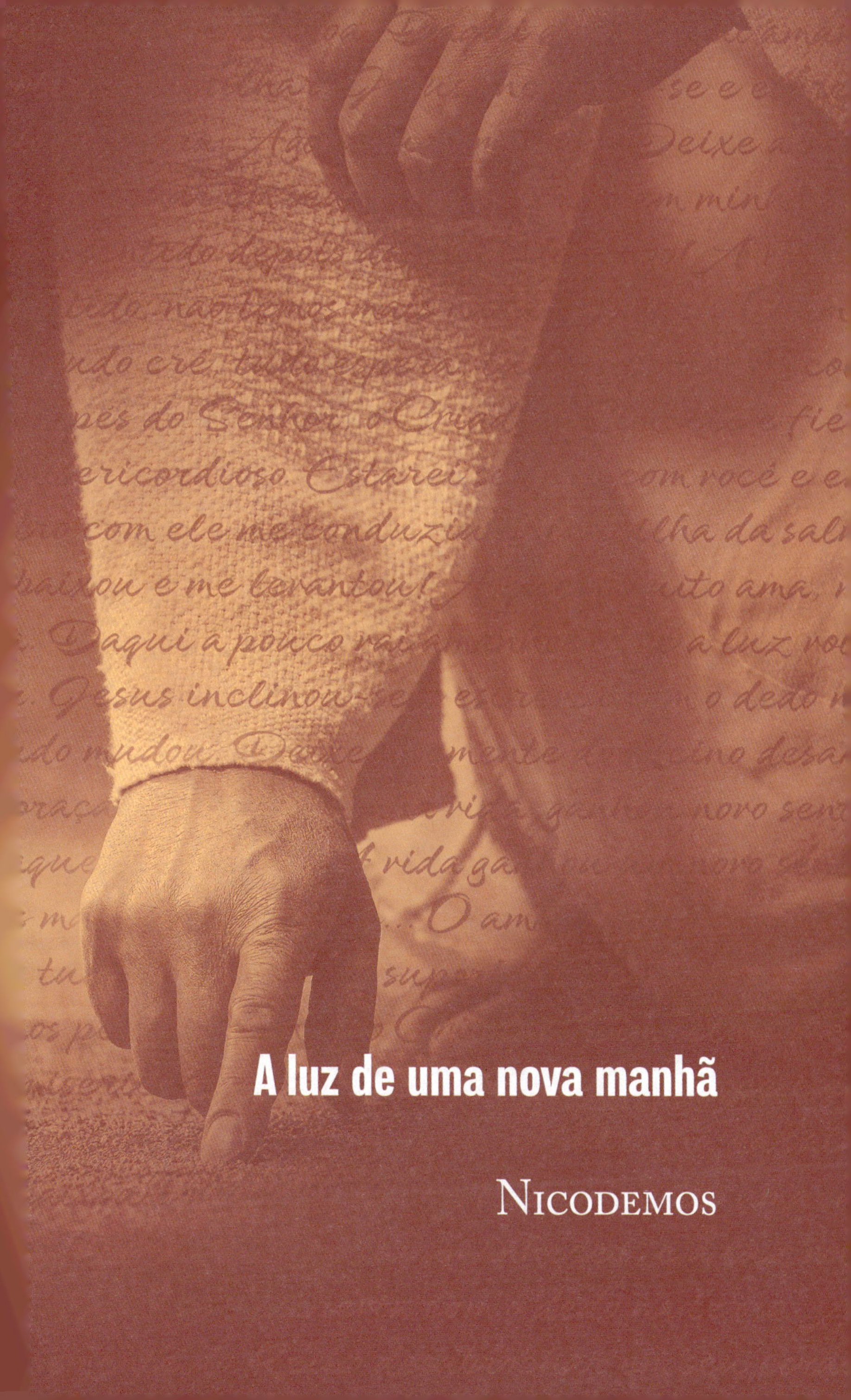

A luz de uma nova manhã

Nicodemos

A luz de uma nova manhã

NICODEMOS

Inspiração bíblica: João 3,1-21

É meio-dia! Hoje, diferente dos outros dias, sinto-me ansioso e percorro apressado o pátio que dá acesso ao Templo. Sou um doutor da Lei, fariseu e membro do Sinédrio. Por ser uma autoridade religiosa, sou influente e tenho o respeito de todos. Para este dia especial, vesti a minha melhor túnica de linho com mangas largas e longas franjas, um fino manto e um turbante para cobrir parte de meus cabelos grisalhos. Estou realmente apreensivo, mas não é por acaso, pois logo mais, ao anoitecer, terei um encontro importante e muito esperado. Sou Nicodemos, e me encontrarei com Jesus.

Após as horas passarem lentamente... o sol se pôs em Jerusalém. Aos poucos, a cidade fica às escuras. Caminho rapidamente pelas vielas, adentro numa casa e alcanço o andar superior. Lá está ele, à minha espera. Ao vê-lo, sinto alegria, pois há muito tempo desejava encontrá-lo, mas, ao mesmo tempo, uma inquietação e ansiedade tomam conta de meu coração e, por um instante, não sei por onde começar a conversa. Por fim, tomo coragem e pergunto-lhe: "Mestre, sabemos que ensina da parte de Deus, pois nenhuma pessoa pode realizar os sinais miraculosos que vem fazendo, se Deus não estiver com ela. Alguns colegas meus, do Sinédrio, estão preocupados com os seus feitos, com os milagres que vem realizando e com sua fala insistente sobre o Reino de Deus. Eu, como muitos amigos, já não sou tão jovem... Por isso, diga-me: quando veremos o Reino de Deus? Ele está próximo?". Jesus caminhou em minha direção, olhou-me firmemente e disse: "Garanto-lhe, Nicodemos, que quem não nascer de novo não verá o Reino de Deus". Meio sem jeito, desvio o olhar de Jesus e, sem querer, dou um passo para trás, mas rapidamente me endireito e pergunto: "Como pode alguém nascer, se já é velho como eu?! Poderá entrar uma segunda vez no ventre de sua mãe e renascer?".

Jesus permanece em silêncio por alguns instantes, pega uma jarra sobre a mesa, enche um copo com água e me oferece. Ele serve um outro copo, toma um gole e suspira levemente. Aproxima-se novamente de mim e diz: "Afirmo a você, com toda segurança, ninguém pode entrar no Reino de Deus, se não nascer da água e do Espírito. O que nasce da carne é carne, o que nasce do Espírito é espírito. Por isso, não fique impressionado por eu ter dito 'deves nascer do alto'. Veja, o vento sopra onde e como quer, ouve-se o seu ruído, mas não sabemos de onde vem nem para onde vai. Assim acontece com todo aquele que nasce do Espírito". Eu me sinto desconcertado, a voz teima em tremer, mas tomo coragem e pergunto: "Como isso pode acontecer?".

Dessa vez, Jesus dá um suspiro profundo e me diz: "Você é um exímio mestre em Israel, inteligente, e não compreende estas coisas? Asseguro-lhe que falo do que conheço e testemunho do que vi, mas mesmo assim vocês, fariseus, não aceitam o meu testemunho. Eu lhes falei de coisas terrenas e vocês não creram; como crerão se lhes falar de coisas do céu? Deus enviou o seu Filho ao mundo, não para condenar o mundo, mas para que este fosse salvo por meio dele. Quem nele crê não é condenado, mas quem não crê já está condenado, por não crer no nome do Filho Unigênito de Deus. Este é o julgamento: a luz veio ao mundo, mas os homens amaram as trevas, e não a luz, porque as suas obras eram más. Quem pratica o mal odeia a luz e não se aproxima da luz, temendo que as suas obras sejam desmascaradas. Mas quem pratica a verdade vem para a luz, para que se veja claramente que as suas obras são realizadas de acordo com o querer de Deus".

Confesso que, por um momento, senti vergonha e tomei consciência de minha própria nudez interior. Pela minha fama de mestre inteligente e especialista da Lei, não me permitia duvidar ou colocar em xeque minhas próprias convicções e verdades. As palavras e questionamentos de Jesus me deixam desconfortável. Permaneço calado e de cabeça baixa, pois não sei como continuar a conversa. Sou novamente surpreendido por Jesus: "Nicodemos, você tem fé? Em que você confia?". Tomei mais um gole de água e nada respondi. Jesus continuou: "Eu garanto a você, nascer do Espírito é nascer de Deus, pois somente nele encontramos a verdadeira vida. Quem nasce do Espírito vive na luz da fé e não na obscuridade da Lei. Dentro de você está a semente da vida eterna, a semente do Reino. Imagine-se, Nicodemos, espalhando sementes na terra. Você vai dormir e acordar, noite e dia, e a semente vai germinando e crescendo, mas você não sabe como isso acontece. Assim são as coisas do Reino! Deixe a semente do Reino desabrochar em seu coração, não imponha condições a sua fé e tome cuidado com as minúcias, o controle e observâncias da Lei, pois a letra mata, mas o espírito vivifica. Busque e pratique a verdade, a justiça e a misericórdia com amor e, assim, estará na luz e sua vida ganhará um novo rumo. Creia em Deus, que é Pai de todos".

É quase madrugada! Deixo aquela casa e caminho lentamente pelas vielas desertas da cidade. Sopra um vento úmido, ouço o som de meus passos e, de muito longe, latidos de cães. Pensativo, medito nas palavras de Jesus. Logo o dia nascerá... E a luz de uma nova manhã brilhará.

Jesus fez inúmeros discípulos. Muitos o seguiram abertamente, enfrentando todo tipo de oposição e dor, a ponto de entregar a própria vida por causa do Reino de Deus. Outros desistiram do caminho e tomaram outro rumo... Alguns admiravam o estilo de vida de Jesus, mas o seguiam de longe. Outros, como José de Arimateia e Nicodemos, foram discípulos de Jesus às escondidas, por medo dos judeus. Ambos, corajosamente, naquela tarde de sexta-feira em que Jesus morreu, providenciaram o seu sepultamento, testemunhando a sua fé no Filho de Deus.

"Há pessoas – mesmo nós, muitas vezes – que não conseguem viver na luz porque estão habituadas às trevas. A luz ofusca-as, elas não conseguem ver. E também nós, quando estamos em pecado, estamos neste estado: não toleramos a luz. É mais confortável para

nós viver na escuridão; a luz bofeteia-nos, faz-nos ver o que não queremos ver. Mas o pior é que os olhos, os olhos da alma, de tanto viver na escuridão, habituam-se a isso a tal ponto que acabam por ignorar o que é a luz. Perdem o sentido da luz, porque se habituam mais à escuridão. E tantos escândalos humanos, tantas corrupções indicam isso. Os corruptos não sabem o que é luz, não a conhecem. Também nós, quando estamos em estado de pecado, em estado de afastamento do Senhor, ficamos cegos e sentimo-nos melhor na escuridão e continuamos assim, sem ver, como os cegos, movendo-nos como podemos. Deixemos que o amor de Deus, que enviou Jesus para nos salvar, entre em nós e a luz que Jesus traz, a luz do Espírito, entre em nós e nos ajude a ver as coisas com a luz de Deus, com a verdadeira luz, e não com as trevas que o senhor das trevas nos dá" (Papa Francisco – Homilia na Capela da Casa Santa Marta – 22/04/2020).

Notícias de Jerusalém

Maria Madalena,
primeira apóstola

Notícias de Jerusalém

MARIA MADALENA, PRIMEIRA APÓSTOLA

Inspiração bíblica: Mateus 16,21-28; Marcos 11,1-11; Marcos 15,1-15; Marcos 15,21-41; Lucas 8,1-3; Mateus 27,57-61; João 20,1-18

Aqui estou em Jerusalém... Os últimos acontecimentos envolvendo o meu amado amigo e Mestre Jesus transformarão para sempre a minha vida e a vida de meus amigos e amigas... E agora tenho certeza: a vida da humanidade nunca mais será a mesma. Jesus já previa que algo iria acontecer... Tantas vezes ele alertou que partiria... Mas para onde? Como? Por quê? Confesso que uma coisa já tinha percebido: a vida de meu amigo Galileu se tornara cada vez mais incômoda para as lideranças políticas e religiosas... Tudo o que ele ensinava e fazia despertava o ódio e a indignação dos sumos sacerdotes e partidos políticos, gente cheia de preconceitos e seduzida pelo poder! A sua mansidão desafiava a prepotência desses poderosos...

No meu coração, carrego as lembranças daquele dia em que Jesus entrou em Jerusalém montado num jumento, a agitação em toda a cidade, o povo alvoroçado... Que semana! Confesso que os dias pareciam não acabar mais... Como esquecer aquela última ceia, o jantar com os amigos e discípulos, suas palavras, seus gestos, que pareciam não fazer sentido para nós. Estávamos meio atônitos... Era a despedida? Impossível esquecer aquela sexta-feira da agonia, de tanta violência, crueldade e tortura... Um julgamento injusto, sem motivos de condenação e sem provas de "transgressão": o que ele fez de errado, quais foram seus pecados?... Os gritos enfurecidos do povo: "Crucifica-o, crucifica-o...". O abandono dos amigos, a negação de nosso irmão Pedro, a dor indescritível de minha amiga Maria, vendo o sofrimento de seu Filho até o Calvário e depois... A cruz! Aquele homem que somente fizera o bem, agora é humilhado, torturado, pregado numa cruz, assassinado... três horas de agonia...

três longas horas entre o céu e a terra e, por fim, a entrega final! "Tudo está consumado"... Como compreender o que era visivelmente incompreensível?

Por alguns momentos me pergunto se não teria sido um absurdo ter confiado em suas palavras... Tê-lo seguido e acreditado em suas escolhas e conselhos... Mas, em meu coração, algo dizia que nada foi em vão... Sim, porque em todos os lugares por onde ele passou, deixou marcas de libertação... Seus pés de peregrino percorreram montanhas, praias, campos, vilarejos... Mostrou-nos o rosto de um Deus amoroso e, com palavras e gestos, colocou-se do lado dos marginalizados e oprimidos, consolou tantas pessoas aflitas, alimentou famintos. Abriu os olhos dos cegos, aos surdos fez ouvir, aos mudos devolveu o dom da palavra... E eu?!... Eu experimentei a força de seu amor, ele me libertou das amarras do pecado e da dor. No momento mais difícil de minha vida, ele me acolheu sem julgamentos e preconceitos.

Envolvida nas memórias e lembranças de cada palavra e gesto do Mestre, lentamente me distanciei daquele lugar de morte.... Graças a José de Arimateia, o nosso Mestre foi sepultado num túmulo que José havia comprado para si mesmo. Já não havia mais nada a fazer ali! Uma tempestade desabou fortemente sobre Jerusalém... Minhas lágrimas confundiam-se com a chuva. Um imenso vazio tomou conta de minha alma, senti um profundo silêncio abraçar a noite. Aquelas imagens do sofrimento do Mestre pregado na cruz, silenciado pelo ódio, humilhado até o extremo... Nem sequer conseguimos ungir o seu corpo para sepultá-lo! Passei o sábado num silêncio sepulcral; ainda não podíamos ir ao túmulo...

No domingo, antes de o sol despontar, eu e minhas amigas fomos ao sepulcro para ungir o corpo do Mestre. A passos largos, atravessamos o jardim, enquanto a minha mente dava voltas... Como faríamos para remover a pedra da entrada do túmulo? Ao chegarmos, ficamos perplexas, pois a pedra já havia sido retirada e, dentro, o "vazio"... Imediatamente senti o coração disparar, fui tomada por um turbilhão de emoções, as lágrimas transbordavam de meus olhos e, desesperada, eu só queria saber onde estava o corpo de meu amigo. Meus olhos buscavam insistentemente uma resposta, quando me deparei com um jovem vestido de branco, que, calmamente, me perguntou: "Por que você está chorando?". Impacientemente pedi a ele que me dissesse onde estava o corpo... Eu o buscaria onde estivesse. Ainda falava quando ouvi o meu nome: "Maria!". Sim... Era a voz do meu amado amigo, "Rabuni"! E ele me disse: "Não me segures, porque ainda vou para o meu Pai e vosso Pai... Vai anunciar aos meus irmãos...".

Desconcertada, entre risos e choros, com o coração saindo pela boca, corri em disparada para anunciar aos

106

irmãos que o Mestre tinha ressuscitado, como havia prometido! "Eu vi o Senhor! Ele voltou... Está vivo... Ressuscitou! A vida triunfou! O amor venceu!"

A vida ganhou um novo sentido, não temos mais nada a temer... Seguiremos em frente, proclamando aos quatros ventos que a vida é mais forte do que a morte, a luz suplantará as trevas e o amor sempre terá a última palavra, porque acreditamos e caminhamos impulsionados pela força da ressurreição de Jesus! Eu creio firmemente que a sua ressurreição continuará a inspirar as pessoas de todos os tempos a assumirem corajosamente o projeto do Pai que trouxe o Filho à vida. Feliz vida nova! Paz a todos! É o que deseja sua irmã, Maria Madalena.

"Maria Madalena anunciou aos discípulos a esperança da ressurreição, a fim de que também eles pudessem levar esta Boa-Nova ao mundo inteiro. Maria Madalena ensina-nos a perseverar na busca do encontro com o Ressuscitado; a não permitir que a amargura da morte e do luto definhe em nós o desejo de encontrar Jesus; e a deixar que o seu encontro transforme a nossa tristeza em alegria, convertendo-nos em suas testemunhas. O encontro com o Ressuscitado leva-nos a ressurgir e ajuda-nos a fazer ressuscitar também os outros dos sepulcros obscuros da incredulidade" (Papa Francisco – Audiência Geral na Praça São Pedro – 17/05/2017).

De perseguidor de Jesus
a apóstolo de seu amor

São Paulo Apóstolo

De perseguidor de Jesus a apóstolo de seu amor

São Paulo Apóstolo

Inspiração bíblica: Atos dos Apóstolos 27,1-44; Atos dos Apóstolos 9,1-19a; Atos dos Apóstolos 28,1-10; 2 Timóteo 4,5-8; 2 Coríntios 11,16-33; 1 Coríntios 13,1-13

Sinto que estou definhando aqui nesta cela, mas em breve a minha "tenda" será desfeita e receberei de Deus uma casa eterna, não construída por mãos humanas. Enquanto o meu corpo físico está se arruinando, o meu interior, pelo contrário, vai-se renovando dia a dia, por isso aguardo serenamente o momento em que estarei para sempre com o meu Senhor. Sinto-me exausto, olhos cansados e minhas mãos trêmulas me impedem de escrever com a mesma agilidade de outrora. Todavia, o cárcere em que me encontro nestes anos não me impediu de pensar, sonhar, acalentar, encorajar e orientar as comunidades que gerei na dor e na alegria. E muito menos apagou a chama da liberdade, da fé e do amor que habita em meu peito desde que conheci Jesus e me dispus, de corpo e alma, a tempo e contratempo, a anunciar sua Palavra.

Lembro-me bem de quando fui preso em Jerusalém por causa de minhas pregações. Por ser cidadão romano, atenderam ao meu pedido para ser julgado em Roma. Recordo como estava ansioso para chegar aqui, porém, o Senhor ainda me reservara uma surpresa no caminho. Embarcamos para a Itália, eu e mais alguns prisioneiros. Durante vários dias, navegamos lentamente, mas, aos poucos, a viagem se tornou perigosa, pois o inverno já estava chegando. Bem que tentei advertir o capitão sobre os riscos, se continuássemos a viagem, mas ele não me ouviu. Incapaz de resistir àquela terrível tempestade, o navio foi arrastado violentamente e ficamos à mercê dos ventos. Por vários dias, não vimos nem o sol nem as estrelas. Estávamos com fome e sede e já tínhamos perdido toda a esperança de salvação. A situação não podia ser mais dramática, e mais uma vez o Senhor veio em meu socorro e me inspirou a encorajar aqueles homens, afirmando firmemente que ninguém perderia a vida. Após longos dias sendo jogados de um lado para o outro no mar, os marinheiros, enfim, avistaram sinal de terra. O navio já estava bastante danificado e, para piorar, foi de encontro a um banco de areia, o que fez a parte traseira se desconjuntar. Aqueles que sabiam nadar saltaram primeiro em direção à praia e, em seguida, foram os outros, agarrados em qualquer pedaço do navio.

Com a graça de Deus, todos chegamos a terra sãos e salvos. Não sabíamos, mas estávamos na pequena Ilha de Malta. Os nativos demonstraram extraordinária gentileza para conosco, acolhendo-nos sem mesmo saber quem éramos e muito menos que se tratavam de prisioneiros. Chovia e fazia muito frio. Eles acenderam uma fogueira para que pudéssemos nos aquecer. Permanecemos na ilha durante três meses, e não foi por acaso que tudo isso aconteceu, esse naufrágio não foi em vão... Pudemos mais uma vez comprovar as maravilhas realizadas pelo Senhor e servir de suas testemunhas para aquele povo de bom coração. Pela força e poder de Deus, muitos doentes foram curados e passaram a acreditar no Deus vivo e verdadeiro. E, quando partimos, generosamente nos deram tudo o que precisávamos para a viagem.

Mas essa não foi a primeira vez que enfrentei a fúria do mar, pois, durante as minhas viagens missionárias, por três vezes sofri naufrágio. Eu, apóstolo de Cristo Jesus, sempre fui provado e testado por todo tipo de adversidades, rejeições, sofrimentos, traições, perseguições, angústias, aflições, solidão... Enfrentei inúmeros perigos, na terra e no mar. Quando fecho os olhos, em minha mente, como num filme, vejo cenas de minhas viagens missionárias, acreditado por alguns e desacreditado por muitos, as chegadas e partidas, os encontros e desencontros com meus irmãos e irmãs de fé, acolhimentos e despedidas. E, assim, percorri o caminho traçado pelo Senhor, e ele não me poupou de perigos e dificuldades; trago no meu corpo as marcas daquilo que sofri pela causa de Jesus, mas ele sempre esteve ao meu lado encorajando-me e me dando forças. Agradeço o Senhor Jesus por ter me resgatado dos caminhos de morte e por ter me transformado em um homem de fé. De ativo e ferrenho perseguidor da Igreja de Cristo Jesus, tornei-me, pela força de sua ressurreição, testemunha e pregador de sua Palavra.

Considero-me, pela graça de Deus, um escolhido do Senhor. Jesus entrou em minha vida de maneira arrebatadora. Eu era um homem obsessivo e orgulhoso e ele, com o seu grande amor, derrubou os muros de minhas regras, arrogância e impulsividade... Colocou-me frente a frente com minhas fraquezas e limites. Confesso que por muito tempo, do meu jeito, busquei o amor, mas, naquele dia, quando o Senhor, com a sua luz, "me derrubou do cavalo", eu encontrei a resposta: Jesus era a definição do amor! Ele me fez compreender que o amor está acima de tudo, pois, se eu, com toda a minha inteligência, falasse as línguas dos homens e as dos anjos, mas não tivesse amor, eu seria como um bronze que soa. Se eu tivesse o dom da profecia, se conhecesse todos os mistérios e toda a ciência, se tivesse toda a fé, a ponto de remover montanhas, mas não tivesse amor, eu nada seria. Se eu gastasse todos os meus bens com o sustento dos pobres e até entregasse o meu corpo para ser consumido pelo fogo, mas não tivesse amor, de nada me adiantaria. Compreendi que o amor é paciente, é generoso; não é invejoso, não é presunçoso nem se incha de orgulho, não faz nada de vergonhoso, não busca os próprios interesses, não se irrita, não leva em conta o mal sofrido, não se alegra com a injustiça, mas fica alegre com a verdade. O amor tudo desculpa, tudo crê, tudo espera, tudo suporta. As profecias desaparecerão, as línguas cessarão, a ciência desaparecerá, mas o amor... o amor jamais acabará.

"O apóstolo Paulo experimentou a libertação por obra de Cristo. Foi libertado da escravidão mais opressiva, a de si mesmo, e de Saulo – nome do primeiro rei de Israel – tornou-se Paulo, que

significa 'pequeno'. Foi libertado também daquele zelo religioso que o tornara fanático na defesa das tradições recebidas e violento ao perseguir os cristãos. Foi libertado. A observância formal da religião e a defesa implacável da tradição, em vez de o abrir ao amor de Deus e dos irmãos, haviam-no endurecido: era um fundamentalista. Foi disto que Deus o libertou; ao invés, não o poupou de tantas fraquezas e dificuldades que tornaram mais fecunda a sua missão evangelizadora: as canseiras do apostolado, a enfermidade física, as violências e perseguições, os naufrágios, a fome e sede, e – segundo as suas próprias palavras – um espinho que o atormentava na carne. Paulo compreendeu, assim, que 'o que há de fraco no mundo é que Deus escolheu para confundir o que é forte', que tudo podemos nele que nos dá força, que nada poderá jamais nos separar do seu amor. Por isso, no final da sua vida, Paulo pode dizer: 'o Senhor esteve comigo' e 'me livrará de todo o mal' (2Tm 4,17.18). Paulo fez a experiência da Páscoa: o Senhor libertou-o" (Papa Francisco – Homilia na Basílica de São Pedro – 29/06/2021).

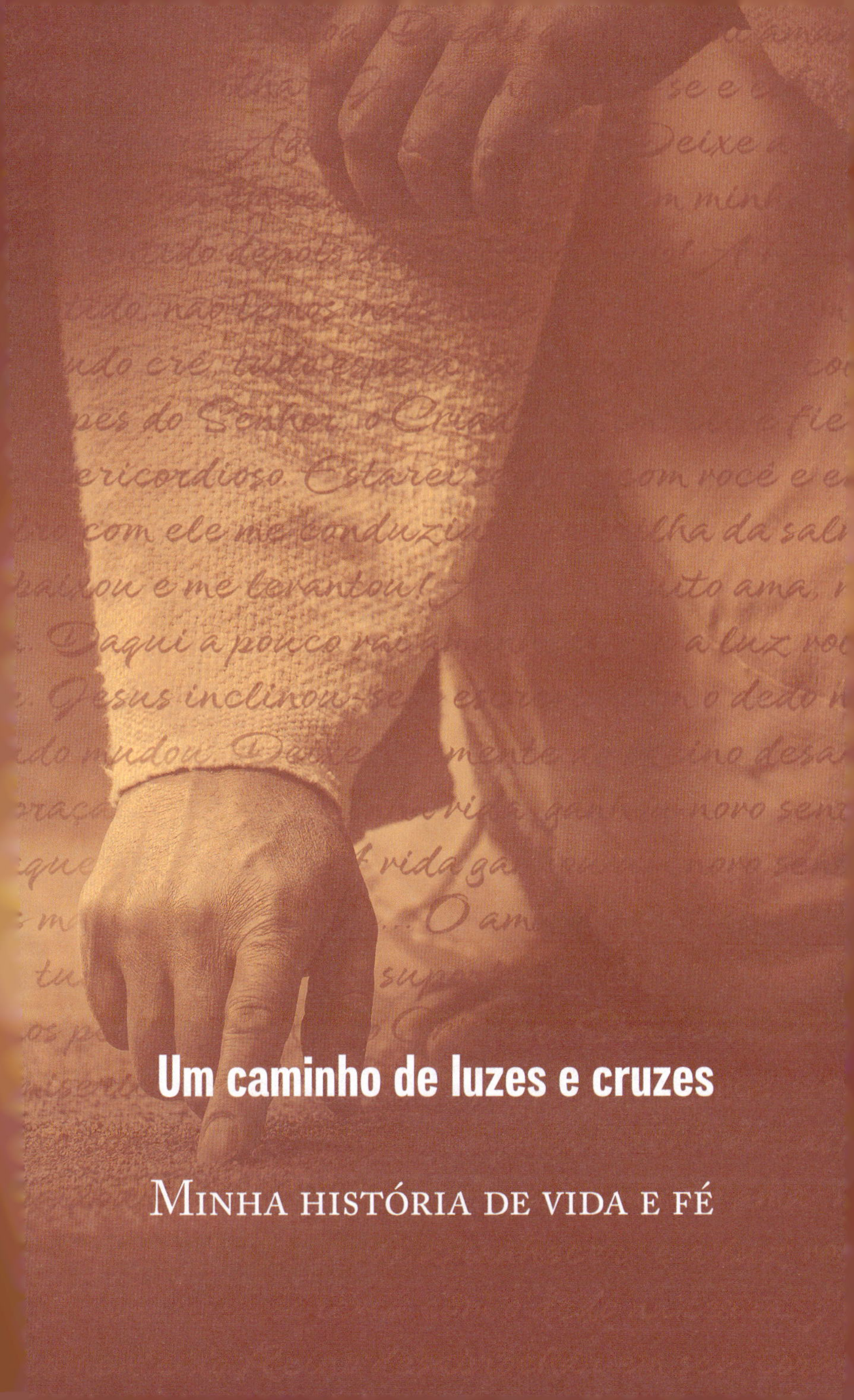

Um caminho de luzes e cruzes

Minha história de vida e fé

Um caminho de luzes e cruzes

MINHA HISTÓRIA DE VIDA E FÉ

O tempo passa, como é próprio do tempo, e um dia percebemos que crescemos, amadurecemos, vivemos e que de mansinho começa a se vislumbrar nosso "entardecer". Olho para trás e vejo que o tempo passou rápido... Parece que ainda ontem eu era uma criança que andava de pés descalços, subia em árvores, brincava de casinha, esconde-esconde, queimada... Vivi meus primeiros anos de vida num pequeno vilarejo no interior de Santa Catarina. Cresci numa família numerosa, com os meus pais e seis irmãos. Meus pais sempre trabalharam muito, preocupados em dar o melhor para os filhos. Ambos estavam envolvidos no ramo da costura, meu pai alfaiate e minha mãe costureira. Mas também cultivavam a terra para o consumo familiar, com a produção de grãos, leite, carne, frutas, legumes e verduras. Até hoje me pergunto como é que minha mãe conseguia dar conta de tudo: costura, cultivo da terra, cuidado com a casa, os filhos e a dedicação ao meu pai, que não aceitava com serenidade uma deficiência visual. A resposta? AMOR. Perdi a conta das vezes em que ouvi de minha mãe: "Faça com amor que tudo dá certo". Mãe sempre tem razão.

Havia muitas dificuldades, e de toda ordem, mas minha mãe... Ah! Minha mãe... Uma mulher incrível, doce e forte. Sempre enfrentou as adversidades da vida com alegria, resiliência, sabedoria e fé. E por falar em fé... Lembro-me dos momentos de oração vividos em família, principalmente da reza do terço todas as noites, que devia ser de joelhos... Entre uma Ave-Maria e outra, era inevitável um cochilo... E, quando chegava no momento da oração da Salve-Rainha, esta era "salva" pelos meus pais, pois nós não só engolíamos como inventávamos palavras (risos)... E, assim, a sementinha da fé cresceu dentro de mim e Deus foi traçando os seus caminhos na minha vida. Com o passar do tempo, os traços se tornaram perceptíveis e fui desvendando o sentido da vida, o sentido da minha vida em ser uma mulher realizada em Deus e feliz por livremente optar e assumir um jeito de viver somente para ele e para o bem das pessoas! Aprendi com o passar dos anos que, quando a gente está onde nosso coração deseja estar, vive-se feliz, vive-se uma vida bem vivida. Entretanto, esse processo não foi fácil, eu o efetuei em meio a luzes e cruzes. Penso com frequência na experiência dos primeiros discípulos, do encontro e convivência com Jesus, um homem de carne e osso, com quem fisicamente conversaram, viram realizar milagres, tocaram o seu corpo, sentiram a sua alma de irmão e amigo, rezaram e partilharam do mesmo pão. Com Jesus, puderam, olho no olho, esclarecer dúvidas sobre a vida, a fé e a própria vocação. Por esse mesmo Jesus eu me apaixonei, mas não o vejo nem o escuto, porém, posso viver uma relação real com ele, na fé: experimento a sua viva companhia, a sua palavra me impulsiona, orienta, ilumina e questiona. No caminho de seguimento a Jesus, as escolhas, as experiências vividas, a fé me ajudaram a compreender que nada, absolutamente nada, em nossa existência acontece por acaso, porque para tudo e em tudo existe um propósito. Eu carrego em meu coração poucas certezas. Uma delas é a de que a oração diária salva. Rezar é um aprendizado de todos os dias, exige disciplina e perseverança, por isso é importante reservar um tempo e um lugar em que possamos estar a sós com

Deus. Eu me sinto privilegiada de poder diariamente dedicar um tempo para o Senhor, e empenho-me em viver esse momento como meu primeiro compromisso do dia. Gosto de acordar bem cedo para estar com ele e, ainda, quando é possível, de sentir a despedida da noite, o silêncio da casa e a claridade do amanhecer chegando de mansinho. A oração cotidiana alimenta a fé e fortifica a esperança. Mesmo naqueles dias em que não sinto vontade de rezar, eu me coloco diante do sacrário, pois creio que o Senhor acolhe o meu nada, as minhas inquietações, ansiedades, silêncio e distrações. O tempo, a maturidade e as experiências com Deus nos ajudam a compreender que a verdadeira oração não é um conjunto de fórmulas; oração é vida, e isso implica rezar com toda a alma, mente, forças, afeto, realidades concretas... É colocar o coração aos pés do Senhor, o Criador.

Em minha história de vida, não há nada de espetacular e extraordinário, mas aprendi com os fatos ordinários do dia a dia a sentir Deus agindo de maneira formidável. Entretanto, não é nada fácil perceber e aceitar que a sua ação se dá no tempo e do jeito que ele quer. Como discernir a sua voz, deixar-se surpreender pelo seu amor e aceitar a sua vontade, que nos leva por caminhos inesperados e nem sempre agradáveis? Fácil ou difícil, com alegria ou sofrimento, o amor de Deus nos alcança e tudo o que ele espera de nós é confiança plena, o que significa não exigir dele pormenores do que acontecerá daqui a pouco ou amanhã. Nossa vida é renovada cada vez que confiamos mais.

Quando eu era pequena, minha vida se renovou pela confiança e amor de meus pais. Aos 5 anos enfrentei sérios problemas de saúde, a ponto de todos acharem que eu não sobreviveria. Os cuidados médicos e a fé de meus pais foram determinantes para a minha recuperação. Meu pai recorreu a Nossa Senhora Aparecida, implorando pela minha saúde. Somente soube disso aos 21 anos, por ocasião de minha primeira profissão religiosa, quando, em visita ao Santuário de Aparecida, vi meu pai ajoelhado chorando. Ele permaneceu por muito tempo dentro da Basílica, pois com certeza o seu coração estava carregado de gratidão e intenções e, em especial, sentia-se agradecido pela minha saúde.

Ele cumpriu a sua promessa de amor, e exatamente oito meses depois faleceu, vítima de um infarto fulminante. Com minha mãe foi bem diferente, ela lutou bravamente por longos três anos contra um câncer. Acompanhei de perto todo esse período, desde o dia em que recebeu o diagnóstico até sua partida consciente e serena. Aprendi com ela que é possível manter a serenidade, mesmo na dor; nem o desconforto provocado pela doença a fazia perder a paciência, a esperança e o desejo de viver. Nos últimos meses de vida, ela tinha muita dificuldade de se comunicar verbalmente. Juntas, vivemos significativos momentos de silêncio e quietude que me fizeram compreender muitas coisas. Desse período guardo difíceis, doloridas, mas também lindas lembranças. Num dia de inverno, estávamos nós duas, em silêncio, sentadas ao redor do fogão de lenha, quando lhe perguntei: "Mãe, a senhora tem algum desejo?". Ela me olhou pensativa e, com voz quase inaudível, disse: "Desejo não, eu tenho saudade... Saudade de dormir e saudade do tempo em que vocês eram todos pequenos" (por aproximadamente um ano minha mãe não conseguia permanecer deitada, passava as noites numa poltrona). A todo custo, contive as lágrimas e me arrependo profundamente de não ter dado continuidade ao diálogo. Em outra ocasião, em que ela estava reclinada na poltrona e eu deitada na cama, perguntei-lhe, curiosa: "Mãe, quando ficamos assim, em silêncio, em que a senhora pensa?". Com um leve sorriso, respondeu baixinho: "Em nada!". Resposta de mãe que não quer causar preocupação. Mas sei que, por detrás daquele silêncio, ela cultivava em sua memória dores, perdas e sofrimentos, mas principalmente muitas lembranças boas, advindas de situações e vínculos que viveu com pessoas que amou e pelas quais se deixou amar.

Também carrego comigo lembranças e memórias de momentos vividos que provocaram pequenas mudanças em minha vida. Descobri que alguns sonhos, aqueles que temos quando dormimos, podem se tornar inspiração e força para os momentos difíceis. Mais ou menos um mês antes da morte de minha mãe, sonhei que ela estava no caixão e que eu, a seu lado, chorava muito. Uma de minhas mãos permanecia apoiada numa das alças do caixão, quando, de repente, senti a sua mão sobre a minha e ela a me dizer: "Eliane, sempre que você tiver alguma necessidade, fale para mim que eu te ajudarei". Lembro-me de que acordei muito assustada e que uma avalanche de pensamentos tomou conta de mim. Depois, mais calma, pensei: "Em breve tudo estará acabado, mas para sempre eu estarei com ela e ela comigo". A nossa conexão continua firme e forte... Promessa de mãe não falha! Em sua despedida desta terra, mais uma vez tivemos a assistência de Nossa Senhora Aparecida. Eu e minhas irmãs nos unimos em oração pedindo à grande Mãe que nossa mãe partisse sem sofrimento, pois os prognósticos médicos eram de que teria um fim difícil. No amanhecer de um dia de outono, ela partiu, serena, ao encontro da grande Luz. É... Parece mesmo que não foi por acaso que meus pais me batizaram com o nome de APARECIDA!

Sou eternamente grata a Deus pelos pais que tive, pela herança da fé, por me ter permitido estar com a minha mãe no período em que se preparou para deixar esta terra. Carrego comigo uma grande lição: a importância do cultivo das boas memórias. Minha mãe construiu um mosaico de boas lembranças porque soube viver bem, não obstante as dificuldades e sofrimentos. As lembranças agradáveis tornaram os seus dias, na velhice e na doença, mais alegres, mais cheios de gratidão, com mais sentido.

Nos últimos tempos, eu me dei conta de que é hora de me ocupar em resolver as pendências, pois, quando chegar a minha hora, também quero partir leve e feliz. E, enquanto esse dia não chega, empenho-me na construção de meu mosaico... Oxalá seja de boas e lindas memórias e lembranças.

"Eu lhes aconselho, simplesmente, a fazer memória! Como foi a minha vida, como foi o meu dia hoje ou como foi este último ano? Memória. Como foi a minha relação com o Senhor? A fé é um caminho que, enquanto se percorre, deve fazer memória constante daquilo que foi: das 'coisas belas' que Deus realizou ao longo do percurso, e também dos obstáculos e recusas, porque Deus caminha conosco e não se assusta com nossas maldades" (Papa Francisco – Homilia na Capela da Casa Santa Marta – 21/04/2016).

Agora chegou a sua vez!

A SUA HISTÓRIA DE VIDA

Agora chegou a sua vez!

Conte aqui a sua história, registre aqueles fatos que foram marcantes e transformadores em sua vida. Olhe sem medo para as suas dores, feridas e frustrações, mas, acima de tudo, contemple as maravilhas que Deus realizou em sua vida, na vida das pessoas que ama e que amam você. Perceba aquelas situações em que Deus esteve ao seu lado, sendo luz, proteção, cura, amor e misericórdia.

– Você está disposto a viver mais leve e feliz?

– Que marcas quer deixar em sua vida e na vida das outras pessoas?

"Entra em ti mesmo. Lê a tua vida com serenidade. A narração das vicissitudes da nossa vida permite também compreender matizes e detalhes importantes, que podem revelar-se ajudas valiosas até então ocultas" (Papa Francisco – Audiência geral na Praça São Pedro – 19/10/2022).

AGORA CHEGOU A SUA VEZ!

MEU CORAÇÃO A TEUS PÉS

Passos para rezar e contemplar um texto bíblico

Jesus, pela sua palavra e atitude, transformou a vida de tantas pessoas. Hoje, como outrora, a sua Palavra continua a transformar quem abre o coração e se deixa conduzir pelo seu Espírito. A leitura orante da Bíblia é uma prática que ajuda na contemplação e meditação da Palavra de Deus. O fruto deste método é um melhor entendimento não somente do texto, mas principalmente daquilo que Deus diz através dele em vista de uma transformação de vida. Eu o convido a viver esta experiência. Para isso escolha um lugar da casa que favoreça o recolhimento e a calma para que o espaço seja um verdadeiro convite à oração e o ajude a viver esta experiência.

Escolha uma passagem bíblica e faça um breve momento de relaxamento para aquietar a mente, invocar as luzes do Espírito Santo e dispor o coração a sua ação, de forma a poder entender mais e melhor o texto bíblico.

Oração ao Espírito Santo

Ó Espírito Santo, tu que habitas, tu que falas, rezas e ages em mim, abra-me à Palavra, que a minha mente e o meu coração sejam o terreno bom onde a semente da Palavra possa germinar, crescer e frutificar para que a minha vida seja transformada. Amém!

1º PASSO: **Leitura do texto**. Leia uma, duas, três vezes. Procure perceber o que diz o texto em seus detalhes, lugares, as pessoas citadas, suas palavras, atitudes e reações. Imagine a cena e coloque-se dentro dela.

2º PASSO: **Meditação**. Pergunte-se o que este texto diz para a sua vida, para a realidade que você está vivendo. Fique atento àquela palavra ou expressão que mais chama a sua atenção e que toca o seu coração. Que mudança de atitude o texto sugere?

3º PASSO: **Oração**. O que esta Palavra o inspira a dizer a Deus? Este é o momento em que deixamos o coração falar em forma de oração de agradecimento, súplica, louvor ou perdão.

4º PASSO: **Contemplação**. É hora de silenciar e deixar Deus falar. Ele esclarecerá as suas dúvidas e confortará o seu coração. Com a Palavra de Deus na mente e no coração você terá um novo olhar, é o olhar de Deus sobre o mundo, as pessoas, as situações. O Espírito Santo mostrará a você como colocar em prática a palavra refletida e meditada.

"A Palavra divina examina os pensamentos e os sentimentos. A Palavra da vida também é a verdade e sua palavra faz a verdade em nós, dissipando falsidades e duplicidades. As Escrituras nos desafiam constantemente para redirecionar nosso caminho para Deus. Deixar-se 'ler' pela Palavra de Deus nos permite tornar-nos 'livros abertos', reflexões vivas da Palavra que salva, testemunhas de Jesus e anunciadores de sua novidade" (Papa Francisco – Audiência com membros da Sociedade Bíblica Americana – 31/10/2018).

A compaixão pelas estradas do mundo

A compaixão pelas estradas do mundo

"*Nascidas para a Palavra, para anunciar a todos o caminho luminoso de vida que é o Evangelho de Jesus Cristo, tendes no vosso DNA a audácia missionária. Que esta audácia nunca falte, sabendo que o protagonista da missão é o Espírito Santo.*

... Coloquem-se a caminho pelas estradas do mundo, com um olhar contemplativo cheio de empatia pelos homens e mulheres do nosso tempo, famintos da Boa-Nova do Evangelho. Sentir-se parte de um Instituto em saída, em missão, colocando todas as forças a serviço da evangelização. Deixemo-nos interpelar pela realidade

em que vivemos, deixemo-nos perturbar pela realidade. Procurar constantemente caminhos de proximidade, mantendo no coração a capacidade de sentir compaixão pelas muitas necessidades que nos circundam. *Gostaria de sublinhar este termo, "compaixão". É uma palavra tão evangélica que o Evangelho repete muitas vezes referindo-se a Jesus: 'Ele teve compaixão'. É a compaixão de Deus. Ser missionário, testemunhando uma vida centrada em Cristo.*

... A estrada que percorrestes é longa e frutífera. E o caminho que falta percorrer é longo (cf. 1Rs 19,7). Alimentai-vos com o pão da Palavra, ide em frente, no meio das luzes e sombras do contexto cultural em que vivemos – arriscai, arriscai! Neste contexto, encorajo-vos a reavivar o dom da fé, deixando-vos sempre iluminar pela Palavra."

*Trechos do discurso do Papa Francisco
às participantes no Capítulo Geral
do Instituto Pia Sociedade Filhas de São Paulo
– Irmãs Paulinas – Vaticano (Sala Clementina),
4 de outubro de 2019*

Rua Dona Inácia Uchoa, 62
04110-020 – São Paulo – SP (Brasil)
Tel.: (11) 2125-3500
http://www.paulinas.com.br – editora@paulinas.com.br
Telemarketing e SAC: 0800-7010081